总统府建筑

刘刚 焦洁 著

南京出版社
南京出版传媒集团

图书在版编目（CIP）数据

总统府建筑 / 刘刚, 焦洁著. -- 南京 : 南京出版社, 2018.5

ISBN 978-7-5533-2227-8

Ⅰ. ①总… Ⅱ. ①刘… ②焦… Ⅲ. ①国民政府 - 纪念地 - 介绍 - 南京 Ⅳ. ①K878.23

中国版本图书馆CIP数据核字（2018）第089498号

书　　名：总统府建筑
作　　者：刘 刚　焦 洁
出版发行：南京出版传媒集团
南 京 出 版 社

社址：南京市太平门街53号　　邮编：210016
网址：http://www.njcbs.cn　　电子信箱：njcbs1988@163.com
天猫1店：https://njcbcmjtts.tmall.com　　天猫2店：https://nanjingchubanshets.tmall.com
联系电话：025-83283893、83283864（营销）　025-83112257（编务）

出 版 人：项晓宁
出 品 人：卢海鸣
责任编辑：余　力
严行健
装帧设计：王　敏
责任印制：杨福彬

排　　版：南京新华丰制版有限公司
印　　刷：江苏扬中印刷有限公司
开　　本：787 毫米 × 1092 毫米 1/16
印　　张：13
字　　数：186 千字
版　　次：2018 年 5 月第 1 版
印　　次：2018 年 5 月第 1 次印刷
书　　号：ISBN 978-7-5533-2227-8
定　　价：40.00 元

天猫1店　天猫2店

CONTENTS | 目　录

总统府建筑鸟瞰

概　述

总统府历史上曾经是明朝归德侯府和汉王府、清朝两江总督署、太平天国天王府、孙中山临时大总统府、留守府、都督府、督军署、副总统府、宣抚使署、五省联军总司令部、国民政府、伪维新政府、侵华日军第16师团司令部，以及汪伪政府监察院、立法院、考试院和总统府等机构所在地。

总统府占地面积约9万平方米，在长约300米的中轴线上，由南向北依次排列着照壁、门楼、仪门、朝房、大堂、厢房、穿堂、二堂、礼堂、八字厅、政务局大楼、文书局大楼等中西结合式建筑，形成7进院落。

在中轴线东部，从南到北有10幢中式平房，原为天王府、临时大总统府的马厩，国民政府时期为参军处警卫队、军乐队、清洁队及勤杂人

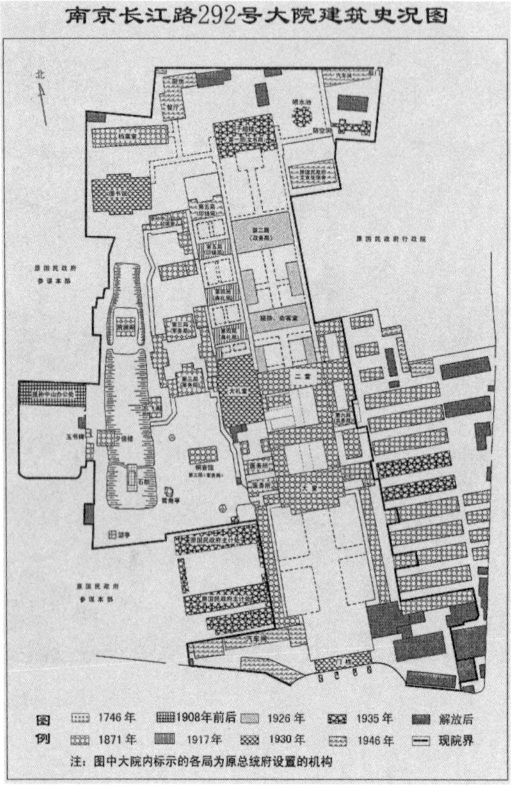

南京长江路292号大院建筑史况图

员的住房。再往后是东花园、小黄楼、地下室、车库和花房；东北角是形成合抱之势的行政院南楼和北楼，后来总统府时期的社会部、侨务委员会、地政部等机关所在地。

在中轴线西部，西朝房西面是“回”字形的主计处楼；而位于礼堂北面的是4幢4进院落，前3幢是平房，最后一幢是两层楼房，房屋两侧以回廊连接；前两幢平房是国民政府典礼局办公处，后两幢是印铸局所在。

西花园建筑主要有桐音馆、六角亭、方胜亭、石舫（不系舟）、忘飞阁、夕佳楼、漪澜阁、花厅、观戏台、孙中山先生起居室、临时大总统办公室等。西花园北面是国民政府图书馆三层大黄楼，以及再往北的档案室和饭厅。

同治十年（1871）十一月二十二日，曾国藩移居新建好的两江总督署时曾记：“是日移居新署衙门，即百余年江督旧署，乱后，洪逆据为伪官者也。”可见两江总督署从一开始就选址这里。最初两江总督署建筑已无可记述，仅有零星史料：道光元年（1821）孙玉庭做两江总督时，督署大堂曾发生大火，火势很大，烧毁许多建筑，满署惊怖。

但2000年在西花园出土的、顺治年间江南江西总督郎廷佐撰文的《关帝武圣庙重修记》和《助工题名碑记》两通石碑，为我们了解当初督署关帝庙建筑情况和确定总督署西面边界提供了依据。

而在东边出土的同治九年赐曾国藩“勋高柱石”碑，结合民国时期拍摄的署东高楼照片，也为我们提供了确定督署东面边界的依据。

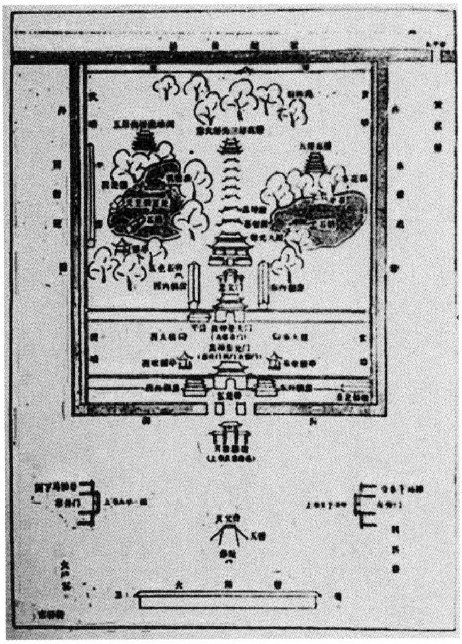

天王府示意图

1853年洪秀全建天王府时，面积有较大扩建，清大行宫部分划入天王府。20世纪80年代曾在总统府南面的科巷出土天王府的旗杆石；在西南面的碑亭巷，发现天王府的门当，可见天王府的范围要比后来总统府面积大得多。

同治五年（1864年）湘军破城后，火烧天王府，致使“十年壮丽天王府，化作荒庄野鸽飞”。随后重修督署，至同治十年新建房屋1189间。

总统府内第一座西式建筑“宝华庵”，是光绪四年（1908）倒数第二任两江总督端方所建。而西式建筑群的出现，却是1917年4月冯国璋任北洋政府副总统时，府内失火，烧毁房屋140余幢。冯国璋重新造屋时，选择了西式风格，便形成了今天我们看到的中轴线前半部为中式建筑，后半部为西式建筑。这是中西建筑风格因为意外事件，而进行的一次“强行”对接。

因为行政办公需要，国民政府在两江总督署大门旧址上修建了新式门楼，撤除了仪门。此外，还在府内进行了许多的改建、新建，并向后面扩展了不少面积。虽然民国建筑是对晚清建筑的一次否定，但在许多方面，却又不自觉地对传统做了继承，这在总统府的建筑中是能够得到印证的。

总统府建筑有一个重要因素，那就是它建在两江总督署的“官界”“旧址”上。“官界”“旧址”的地势是前面低后面高，中间高两面低，府中建筑必须遵循这个地势因素。如礼堂建在中轴线偏西，从东边门出入是3级台阶，从西边门出入便是7级台阶，这是因为地面中间高西边低，礼堂在找平自身地坪水平的情况下，两边门的台阶数便不一样了。再如，八字厅有个架空层，架空层高度南面是100厘米，北面却是80厘米，这是“官界”“旧址”前面低后面高造成的。

尽管总统府的建筑在历史上有一定的变化，但它的基本格局是同治年间重修督署后保留下来的。本书试图从总统府建筑的风格、形式、材质、工艺、技术、结构、关系、布局、变化和历史发展、社会变革等方面入手，既记录好不同风格建筑的有关资料，也努力分析建筑背后变化发展的原因。

1929年9月拍摄的国民政府鸟瞰图

国民政府时期的门楼

门楼并非钢筋混凝土结构

一、风云变幻的历史见证

1928 年国民政府定都南京后，即由孙科负责成立首都建设委员会，谋划首都建设和发展。外交部长王正廷建议，首都为中外观瞻所系，屋宇太差，有失国体，应首先建造国民政府大门。在国民政府多个文件中均有建造门楼的记载：1929 年 9 月 30 日国民政府代理参军长贺耀组将有蒋介石批字的“八〇七号”文送财政部，部长宋子文附“拟令财政部迅拨”，随后文官长古应芬代批“如拟”。很快“第二一九二号”文件下发：“呈为改建本府大门及大礼堂需工程款甚急，请鉴核转行财政部迅予拨发以利进行。”

代参军长贺耀组

在1929年10月8日“第贰捌玖号”《国民政府公报》中，载有国民政府给财政部的“玖陆七号训令”：“案据本府代理参军长贺耀组呈称，案据总务局局长呈，以本府此次建造大门工程费洋二万九千四百五十余元，改造大礼堂工程费洋七千三百二十余元，业由经常费陆续垫付在案，惟以预算临时门修缮一项，每月只列三千八百元，相差悬殊，列报无从，且本府其他修葺整理各工程，在在需费，似此浩大工程之费用，应请转呈准予另行拨款，以利工程，理合抄附估单合同各一份，并检具改造大门图样及做法说明书，具文呈报，仰祈鉴核转呈备案，并请转行财政部拨款应用，一俟工程完竣，再行报请核销等情前来，查核所称，是属实在，且本府大门及礼堂，均应急予改建，以壮观瞻。现在礼堂已届竣工，大门亦积极改建，职处经费有限，虽经陆续垫用，不敷甚巨，而其他工程等项，亦急待拨款，以资接济，理合检附原呈各件，一并转呈，仰祈鉴核附准备案，并乞转行财政部迅将是呈建筑工程费，迅予拨发，以利进行，一俟工竣，再行专案报请核销，并此声明，伏乞指令只遵等情，附呈估单合同说明书图样各一件。据此，除指令呈悉候令饬财政部迅予拨发，仰即知照，附件在此令印发外，合行令该部即便将遵照，迅行如数拨发为要，此令。”此令涉门楼、礼堂和临时门三项工程，礼堂已届竣工，门楼还在积极改建中，但门楼用款多于礼堂，可见此次工程中，门楼要比礼堂大；而“临时门”一说，似与临近的10月10日“双十节”典礼活动、政要出入国府大门，需穿过门楼工地多有不便有关，当时参军处要求门楼工地建一“临时门”作为通道。

国民政府首任文官长古应芬

此次门楼工程由文达公司承建，绘图设计师姚彬，合同开工日期是1929年9月5日，工程款先由参军处垫付，其后分五次付给。因为门楼结构简单、工程不大，施工从 1929 年 10 月 10 日开始，至 12 月 20 日竣工，历时 100 天。门楼上水泥制字、字面贴金的“国民政府”四字为行政院院长谭延闿所写。

1946 年抗战胜利后，国民政府“还都”南京，“国民政府”四字重装门楼。1948 年 5 月“行宪”国大后，门楼上改为周钟岳书写的“总统府”。

二、西式风格的近代建筑

因为门楼南立面装饰有 8 根罗马爱奥尼克式水泥柱，显示了门楼的西式风格。门柱底径 0.77 米，柱高 7.71 米，比例符合制式要求的 1 比 9 或 1 比 10。柱身从上到下有半圆形的凹槽 14 条，两柱一组分别立于三个门洞外两边的长方形柱础上。柱顶高度与二楼顶台齐平，以一条挑檐收齐。挑檐在门楼正面横过，宽 0.95 米，长 27.2 米，与门楼横面长相比，挑檐在两头各向内收了 1.1 米。1949 年 4 月 23 日人民解放军登上门楼，就是站在这个挑檐上拍照的。

总统府门楼共有三层，外部水泥立面，总高 13.5 米。一、二两层外

1949 年 4 月 23 日人民解放军登上门楼

立面长宽相同，长 29.4 米，宽 6.06 米，为长方形；两层总高度为 9.06 米。二层顶上周边加砌水泥护栏，正中有一升旗预备室，是为第三层。

门楼有三孔门洞，中间大两边小，均为外圆内方、双扇镂空铁门。中间门洞顶高 6.4 米，宽 4.93 米；两边门洞顶高 5.4 米，宽 3.6 米，三孔门洞顶部均饰拱心石图样。

一层东侧房间向北（府内）有一门一窗，向东两窗，此房间内沿东墙有由北向南而上一木制扶梯，材质为洋松，可上至二层。东门洞的西边又为一室，除向北一门一窗外，向东门洞里开一窗，以便观察出入情况。但从结构和功能上考虑，建造初期是否有此窗，存疑。门楼西半边房间与东半边房间对称。

2003 年门楼维修时，恢复了东侧房间内的楼梯。据 20 世纪 80 年代住宿在门楼上的职工回忆，当年上下门楼都是从西边楼梯，一度疑为只有西边有楼梯。近日查得“军管会”总统府留用人员赵雍、丁绍兰手写报告一份，其中第 13 条“大门内东扶梯间尚有军用品拟请即行清理处置”，傍证了东边原有楼梯。

二层内部空间，由靠南墙留出的走道，连接东西两侧上楼的楼梯。

门楼北面

其余空间由6道墙6扇门东西向等距离排列，分隔出7个房间；因正中门洞高于左右两侧门洞，中间房间的地坪便高出东西两边房间的地坪；而7间房的顶高相同，因此中间房间内的空间高度要比两边的房间矮。中间房间顶面下附有一条横梁，以加固顶上的升旗预备室。

由正中房间内沿南墙有一木扶梯，由东向西上行，可登至第三层升旗预备室。室内紧贴南墙正中，可见从顶上穿插下来的旗杆下半部由铁条箍紧，生根牢固，旗杆上半部则是伸出室顶。东墙一窗，西墙一门，出门可达二层顶台。

二层顶台上有一条贴地反梁，东西向横贯整个顶台，将顶台地面分为南北两个长方形。升旗预备室北墙上有一露天水泥扶梯，简易铸铁扶手，沿墙由西向东斜向而上，可达三层顶部。

升旗室顶台是门楼的最高点。南面水泥护栏墙中间高两边低，向两边依次5级退层，营造出两边对称的女儿墙。中间伸向天空的旗杆高约10.18米，仰头可视。原旗杆顶上有生铁铸造的旗杆球头，后被侵华日军掠走。近年有抗战文物征集者，从日本高价购回，现在腾冲滇西抗战博物馆中展出。

三、挥之不去的传统基因

国民政府建立初期，即编撰出版了《首都计划》，特聘美国人墨菲、古力治为顾问，按照新颁布的《建筑法》和《营造业管理登记条例》等，在南京城内推进城市近代化建设。同时，一大批学有所成的建筑师，满怀报效祖国的热情，从国外回来，设计、建造了许多西式风格的建筑。

尽管民国建筑表现出西式的面孔，在当时成为新鲜事物，引为建筑理念之时尚，与中国传统建筑呈相背之势。但是，在经过了90多年的沉淀，以今天的眼光来审视，其实民国时期的西式建筑，无论形式如何千变万化，其骨子里从来都是充满着传统基因和不经意间流露出的中式符号。

总统府门楼也不例外。如果除去二层之上的升旗预备室，门楼便是

门楼具有西式风格

一个典型的中式城门，在方方正正的城墙上，开启着三堂拱门，这样的城门在中国稍有历史的古城都可见到；即使顶上加盖了一个升旗预备室，也是传统的大一统思想表现：中间高两边低，左右对称，寓意江山永固、天子万年；门楼的爱奥尼克式立柱，并不起物理上的支撑作用，不过是一个外粘上去的装饰物；门前的一对石狮，是清两江总督署时期的遗物，以及大门对面的照壁，与立柱组合在一起，没有人认为是张冠李戴、风马牛不相及，反而觉得顺理成章、自然而然，这是中国社会从根本上没有把西式理念当作主宰的随性；而材料上的城砖碎石和竹筋木条，与西方的钢筋水泥、石条铸铁相比，造就了两种不同的系统。这样的情况在民国时期其他西式建筑上也很常见，如总统府主计处楼有许多水泥制作的挂落、国民大会堂会议室门上的传统纹饰以及一度占据主流的大屋顶式建筑。

如果说以上所述是建筑中表现出的中式元素，那么在官府建筑基础上，具有不可违逆的是建筑的“基因”作用。1917 年 5 月冯国璋在府内建造了一批西式建筑，从单体上来看，西式的定义毫无疑问。但从关系上来说，不得不遵循中国府衙的进深式，把西方横向排列的建筑，归化为纵向递进。

总统府门楼具有同样的传统基因。总统府门楼朝向东南，这样的朝向，造成了门前左（东）右（西）两边人行道不同的状况。至今左边的人行道，可以直接通到门楼，而右边的人行道却接在了门楼的西墙上，成为撞墙式死路。门楼的朝向是因为从风水上考虑要迎着东南而来的杨吴城濠。

民国建筑并不一定强调风水，但门楼却是建造在原两江总督署的大门旧址上，并与门内的东西朝房等在位置上形成“配套”，而两江总督署的“官界”“旧基”有着严格的“堪舆”，门楼的朝向在有意无意中继承了这个传统基因。

四、古建修缮的世纪课题

门楼曾有过两次较大维修，前一次是2003年以前，主要是根据相关资料，把门楼的面貌复原成民国时期的样子，包括重装“总统府”三个字、安装铁门和修饰外立面等，属于“面子工程”。后一次是2012年10月开始，整个门楼的“接骨疗伤”，包括裂缝处理、脱落修补、钢网护墙及内里加固等，属于“里子工程”。

因长期以来对门楼缺乏文保意识，前次维修中有人统计过，随意钉挂管线字牌，仅正面墙上就有近百处破损。要想避免修补时造成的材料色差，难度相当大。2002年7月至9月，由金坛兴业古典建筑工程公司对脱落的巴洛克饰条、损坏的外立面进行了修复。

复制铁门是根据1928年8月设计师姚彬拟订的《国民政府参军处总务局建筑大门招商投标说明》等资料，确定原铁门为双扇、黑色、铸钢、镂空和铆接工艺，由晨光集团艺术制像公司复制安装。仅设计图纸就有110多张，150多种3000多个零部件，5700多个榫头，3000多个铆钉孔。采用榫接和铆接结合的办法装配完成。中门高6.095米，宽4.85米，两扇合重

2012年维修中的大门

2012年12月维修时的门楼西内侧楼梯

5吨。东西边门高5.167米，宽3.538米，两扇合重3吨。由东南大学建筑专家对民国时期留下来的18个角联支撑预埋件，进行可靠性检测后，仍然保留使用。3樘大门于2003年1月22日安装成功，整个大门修缮耗资52.6万元。

后一次维修，是对超过使用期限的钢筋水泥建筑保护的探索。2012年7月门楼上突然脱落下一大块水泥，落在地上砸得粉碎，差点酿成重大事故。经过检查，发现门楼墙体布满了长短不一的裂缝，更有许多部位表层脱落。在报请文物部门批准后，门楼周围搭起了工程脚手架，并于10月16日连同旗杆在内，整体披上了绿色的防护网。

以砖石水泥支撑的建筑，往往都是从内部开始老化的，而一旦看见损坏时，就意味着内部结构已经出现了严重问题。目前国内许多民国时期建筑都经历了八九十年的历史，亟待整修，而对于这类建筑的整修还处在一个探索阶段。此次门楼的大修非常慎重，很多尝试都是宝贵的经验。

爬上门楼，柱顶伸手可及

从脚手架爬上门楼，平时只能从下面仰望的爱奥尼克式柱头，此时伸手可触。不料轻轻一拉，门头上的水泥线条就脱落下来，里面衬底的竟然是木条和竹片，这是中国传统的“竹筋土墙”做法；而当剥开门楼隔墙墙面泥灰时，露出的是大小不一的砖头和碎石，让人颇感意外，由此颠覆了门楼为钢筋水泥结构的概念，其实是砖混结构。

经过对门楼内部的建材进行探测、取样，科学地配比修缮材料，对墙体上小于1.5毫米的裂缝进行灌浆填充，大于1.5毫米的裂缝采用特殊物质修补。特别是采取了贴墙面网的做法：即将墙面泥灰铲除后，在整个墙面贴上专门的钢网，在墙的另一面对应贴上同样的钢网，用螺栓穿过墙体将两张钢网固定起来，再粉刷上水泥和涂料。

根据门楼老照片，将门楼上先前封闭式的围栏，改成了1932年门楼老照片上所呈现的通透式栏杆。2013年1月10日，修复完成的门楼除去防护网，以崭新的面貌出现在人们眼前。

西朝房腰门

西朝房因国府办公之需腰开两门

一、标准的连檐通脊灰瓦顶

入总统府大门即见东、西两边朝房。府内晚清建筑基本是同治年间曾国藩任两江总督时建造。《同治上江两县志》载："总督衙署（注：打败太平天国）复城后总督以下皆寓行辕。（同治）九年仍就旧基建造，先清理官界，参差不齐，配买民基，筑砌围墙一周，共折方五百六十丈有奇。十年正月开工，升俾为高，十一年四月工竣，新造正宅大小房屋四百八十七间，门楼穿堂走廊四百一十八号，厨房披屋七十六间，厕屋十三号，又花园厅楼亭阁六十三间，披房游廊平台一百四号，箭道房屋八间，披廊二十号，总共壹千壹百八十九间；又吹鼓楼两座，牌坊四架，

东朝房

墙垣折方三千三百四十丈，零墁地折方一千四百二十丈，零花园荷花池驳岸一周水沟五百六十余丈，有石船一座，署前有二坊，曰两江保障，三省均衡。”朝房自是当时重修督署时所建。

清制规定，朝房为“连檐通脊灰瓦顶，不施斗拱，门窗素简”，地基和高度也要比主建大堂低矮一些，以衬托大堂的威严。总统府朝房遵循了这个规则。

总统府东、西朝房，南北走向，相向而建；长 62.3 米，宽 8 米。朝房有前廊，廊宽 1.5 米，檐柱 17 根，每根柱顶上即有一架山梁，因而对应有 17 道山梁，加上南北两端的山梁，共有 19 根山梁。最初朝房的地基比大堂低 5 个台级。虽然后来地基高差发生一些变化，但从两边朝房进入中间大堂，仍然是要通过往上的台阶和边门通道。

朝房内有多少间房间，由檐（廊）柱可知。朝房每两根柱子中间为一开间，每开间迎面为一门三窗（上半部为四窗）。朝房的门是依中柱而设，相邻两开间的门开在同一中柱的两侧；而此开间另一边的中柱两侧便不设门，所有门窗等距相隔而设。所以 17 根柱子便有 16 个开间。

现东、西朝房中间和北端各有一个房间被打开作为通道使用，从打开的房间里，可见山墙里有五根柱子：中间一根最高，称中柱；中柱两边各有一根稍矮一点的柱子，称山柱；两山柱外侧又各有一根再矮一点的柱子，其中一根在后墙里的仍叫山柱，而另一根在前面支撑走廊的柱子，虽然高度与后墙山柱相同，但却叫檐柱。而其他在房间里的柱子，因为不在墙壁里，称作金柱。

采用金柱是为了减少顶上山梁大料的使用，同时增加跨度；但金柱也会影响室内空间的整体使用。一般古建中的金柱不超过 4 列，总统府朝房采用的是 1 列金柱。现朝房多数保留原有金柱，但也有个别房间内，存在因使用上的需要，将少数金柱去掉的情况。

东、西朝房的南端，还各有一排房屋，与朝房抵角垂直相连，向中间广场呈东西走向；门朝北开， 各自长 8 米、宽 6 米，连有走廊，这是沿用宋朝以来开始设置的“架阁库”和“承发房”。东边“架阁库”，现在已作为“游客服务中心”，里面的金柱已取下，顶上改成了隐藏的行条跨梁；而在西边作为自助讲解器领用处的“承发房”里，则是两列金柱全都保留着。

朝房屋顶上房梁采用抬梁式：即在立柱上架梁，梁上又抬梁，也称

东架阁库

西承发房

叠梁式。一般做法是在柱顶或柱网的水平铺作层上，沿房屋进深方向架数层叠架的梁，梁逐层缩短，层间垫短柱或木块，最上层梁中间立小柱或三角撑，形成三角形屋架。所有屋架都未施斗拱，重量通过椽、檩、梁、柱传到基础上。

二、超出常规的体量和格局

朝房是官府吏、户、礼、兵、刑、工六科的办公场所，但历来史料中，很少有对督抚朝房建筑的记载和描述。这既是因为六科朝房建筑平常，也是因为总督是派出机构，督署六科为署内吏胥，不受国家俸禄，因而少见记载。

两江总督署东、西朝房在体量和格局上，要比一般府衙的朝房大，即使地位高于两江的直隶总督署，其东、西朝房和架阁库、承发房是排成一列的，在开间数量上也犹有不及；若要是和督署大堂等建筑结合起来看，两江总督署的大堂是七开间，形成东西朝房之间开阔的格局，而直隶总督署的大堂不过是五开间，这对于一向低调做人、谨慎行事的曾

2016 年 10 月维修中的西朝房

国藩来说，似乎不合情理。

有一个情况是：同治年间复建的两江总督署，是在太平天国天王府的基础上建造起来的，总督大堂位于原先的金龙殿，“仍就旧基建造”。虽说湘军克城时，一把大火把天王府烧个精光，但是湘军幕僚赵烈文在第二天曾到天王府察看，所见建筑大都烧毁，但金龙殿残垣犹存。金龙殿面积自然要大一些，在金龙殿旧基上复建的大堂，和与之配套的朝房便也有了相应的延伸。这就是为什么虽然朝房和科房有共同之处，但总统府里一直沿用下来的称谓，却是等级较高的“朝房”，而非“科房”。

第二个情况是：有关两江总督署复建情况，仅见《同治上江两县志》，复建主要由上元县和江宁县地方上负责。同治九年十月曾国藩第三次任两江总督，临行由直隶到北京领旨再到金陵；到任后，不愿住前任马新贻被刺杀之江宁府署，而是借住盐巡道署，及至十年十一月搬入新署后，才入署察看：“至内室观匠人改作屋溜，因房黑而思拆去一层以取光也。”可见初建时曾国藩对复建中具体事项并无过问。

第三个情况是：总督一职并非祖制，而是由朝廷临时派出地方的军政主官，持关防印信。两江总督的职权包括提督军务、粮饷、操江、统辖南河事务等，但是总督并没有自成体系的下属机构系统，需要通过地方布政使、按察使等来实现修饬封疆、厘治军民的职能。在这个过程中，总督必须有仰承朝廷和对接地方吏、户、礼、兵、刑、工六科的职能。于是便延请亲朋好友、行家里手，也就是幕僚，来操办相关事项。因为不是在册的朝廷命官，幕僚依附总督生存，人数变化不定；到了清晚期，总督和幕僚的作用越发加大，以至原就不是祖制的总督权力和督署建筑在体量规制上也就模糊起来。

但从曾国藩日记中，对朝房的作用和地位倒是可以管窥一二。曾国藩每天的日记中铁定都有“核科房批稿簿”字样，而往来幕僚人物也都有名有姓，如同治十年十二月初五日日记：“金眉生来一谈。未刻，请李辅堂小宴，庞省三、勒少仲、凌筱岚、汤小秋同席。客散，已上灯矣。阅本日文件，核科房批稿簿。”曾国藩的总督地位和职权通过“科房”得到体现。

三、渐变的仪门格窗和地坪

现在总统府朝房，大致保留原貌，2017 年东朝房更换背墙窗户时，可见墙厚 50 厘米，内里是青砖杂石，外层是泥料抹面。

但也发生不少变化。清朝时，进入督署大门后，在架阁库和承发房之间，有一架仪门，与东西朝房、大堂围合在一起，形成一个相对封闭、神秘、威严的中心广场。1929 年国民政府大院照片中可见仪门尚存，后为了方便汽车进出通行，将仪门拆除，现两边地上还各留有仪门的三只石柱础。

西朝房的中间和北端各开一门，显然是后来拆房而形成的。据资料记载：1934 年国民政府在西朝房西面，紧贴西朝房，建造了主计处大楼。为了与国民政府连成一体、出入办公方便，主计处将大门向东开，并选择在对着西朝房背面的中间位置；同时在西朝房中间也相应开出一门，两门大小一样、形状相同，

东朝房换窗

紧紧对接。1949年后，主计处楼房由部队使用，将东门封闭，与总统府隔离开来；西朝房也将中门封闭还原为房间。

2003年筹建博物馆时，部队搬出主计处楼。主计处大楼建筑完好，随后楼内陈列了“江苏禁毒展览”，为了参观方便，将主计处东门再次开启，西朝房也再次拆房形成中门。

而西朝房北端开门时间应该更早一些。从1935年绘制的《参谋本部地产登记审查用图》可见，当时西花园范围是参谋本部（后来参军处也在此办公）。1946年曾在国民政府做电工的王静波老人，于2014年来总统府时回忆，他经常从西朝房北门入西花园维修电线，北门洞里墙壁上的配电箱还是当年他们所做，现在仍在使用中。尽管王老所述不够完整，从参谋本部进驻，到后来他入府当电工，之间也跨越了十多年的时间，但至少可以确定国民政府时期西朝房北门已经启用。

当时参军处的一般勤职人员是“不准到后面文官处办公楼”去的。这在征集来的参军处职员朱敏的《国民政府职员证》上，也明确印有此项规定。所以开此北门，以方便参军处职员出入西花园办公，而不用从中轴线穿过大堂，绕道花厅（现礼堂位置），进入文官处的范围，再进

进入煦园的西朝房北门

入西花园。据此，西房北门从开门原因和用途来看，称之为“参军处门”更贴切。

1934 年国民政府召开全国经济委员会议时合影，可见背景中的西朝房北头并无开门

东朝房开门的情况，与西朝房大致相同。国民政府成立时，东朝房的东边有许多平房，拨文官处使用。为了通行方便，在东朝房中间开门。

从 1937 年 12 月日军在总统府里拍摄的照片上可以看出，当时的东、西朝房，还保留着晚清排格扇门窗，朝房顶上也是中规中矩的“连檐通脊灰瓦顶，不施斗拱”。整条朝房房檐饰有挂枋交圈，图案是“蝙蝠如意”；每开间合有五片，取“五福临门”之意。

现在东、西朝房晚清排格扇门窗早已不见，取而代之的是方形的木框嵌玻璃门窗。1949 年人民解放军占领南京后，“军管会”“文管会”有严令，府里的建筑全部登记造册，不准有任何改变和拆除。“文革”时期无人顾及建筑。80 年代朝房是省政府管理处办公室，有管理科、财务科、膳食科、车队调度室、处长室、科协、书画室等。90 年代至近代史遗址博物馆筹建，均没有改换门窗。因此改换成玻璃门窗的时间，应是沦陷日军之手后所为。

西朝房维修

现场察看，在东、西朝房迎面沿墙脚，每开间有两个铸铁栅栏透气孔，每个宽 26 厘米、高 13 厘米，朝房背面与之相对也有一片透气孔。

凡架高地基、侧沿装透气孔的地坪，多是因为室内铺了木地板，用以通风避免潮湿。晚清朝房内与木制排格扇门窗配套的地坪，是大方砖或是三合土。此铸铁透气孔应是后来朝房内改铺木地板时所为，而玻璃门窗也大致是同时换上的。

近日从国民政府房产报告中发现一个线索，1938 年伪维新政府在府内成立时，梁鸿志曾在府内其他建筑中做过类似的更换，或许朝房门窗也是那个时候更换的。

大堂正面

大堂三十六柱式

一、简明高大的空间

两江大堂建于清同治九年，虽经多次维修，但基本保持了当年的面貌。大堂由主体和月台两部分组成。主体部分面阔七间，进深八架，约宽32米，进深14米；主体抬梁式，柱梁五级渐进；主脊高10.938米，两边吻兽高11.51米；大堂内部两侧各辟一大间耳室，耳室呈长方形，迎面3.6米，进深10米。

大堂迎面加有一座月台，脊高7.8米，脊兽高8.39米，檐高5.63米；宽25米，进深4.5米。月台比大堂主体在宽度上两边向内各收缩3.6米，使得大堂原本平直的台明富有变化，月台面阔为五开间；高度上比大堂也略低矮一些，表现出前后层次。

清朝规定，六品以下官吏的正堂采用悬山顶或硬山顶。封疆大吏两江总督是正二品、从一品，通常总督大堂是拜牌、迎旨和处理重要事务的地方，是全府公务重心所在，完全可以“享用”更高等级的建筑。但是两江大堂却采用了建筑中等级最低的硬山顶和灰土瓦。硬山顶是两坡出水的五脊二坡式，一条正脊，四条垂脊，形成两面屋坡；左右侧面垒砌山墙高出屋顶，屋面夹于两边山墙之间，由于屋檐不出山墙，故名硬山。因为大堂主体与周围附属建筑相连，为了分隔防火，故用硬山顶。

而月台两侧屋檐却用了悬山顶式。悬山顶是两侧的山墙凹进屋顶，屋顶的檩伸出墙外，加博风板保护。悬山顶有利于防雨，因此南方多用悬山。或许因为地处南北交汇，两江总督曾国藩等人高屋建瓴，开放的人文背景和地理环境，让大堂融会了两种建筑样式，不但有着较好的功能，从美学上来看，也是刚柔相济、颇有韵味。

大堂内部两边耳室的设置，既满足了存放仪杖、罗伞等物件的使用功能，也使得大堂呈向心结构，空间更加合理。10米进深的耳房，已经抵近大堂前端两个边门，视觉上并不觉得耳室对空间的占用，大堂内部

大堂东山墙硬山式

仍然是一个方正的整体。而月台将主体七开间收缩为“五开间”，似乎也有减弱大堂“僭越之嫌”的意味。

从表面上看，大堂建筑没有特别之处，连古建中常见的斗拱、雀替都没有，也不见雕龙画凤（2017 年大堂维修时， 工人除去梁柱的污垢，见有绿漆作底，推测曾经有过彩绘），但高大的空间，简明的布局，让人顿感宏深、威严。

二、疏朗有致的格局

中国的传统建筑，只要柱子牢固，支撑起梁架，哪怕将四周墙体拆除，房顶也不会倒塌。两江大堂内部有 36 根柱子，这个数字是与中国传统文化相一致的。柱子从月台往里排列成六排。第一排是月台檐口 6 根檐柱，直径 38 厘米；第二排在月台和大堂连接处，除与第一排位置相对应的 6 根金柱外，大堂主体两边檐角还各有一根中柱，虽然隐在墙里，仍可见柱子侧面，合为 8 根；第三排位置与内部耳室南墙平齐，除了两边耳室南墙各有 2 根中柱外，往大堂中间有 4 根金柱，直径 48 厘米，合为 8 根；第四排只有 2 根山柱，顶上是主脊所在，位置在两边耳室向大堂中间的墙面，本来应该还有 4 根在大堂中间，与第三、第五排的金柱前后对应，但在此处却是减掉了；第五排在两边耳室向中间的墙面各有 1 根中柱，还有与第三排相同的 4 根金柱，合为 6 根；第六排在大堂背墙，有中间 2 根门柱和两边 4 根中柱。全部合计为 36 根柱子。

大堂内里“天下为公”匾

大堂内部顶

上采用了“砌上明造”，即顶部不做天花和藻井，屋顶梁架构造完全暴露，以让木材干爽通风，免于腐朽早坏，同时也营造出总督大堂的高大威严气象。除了几片抱梁云和必要的月梁、素斗（无拱）外，屋顶上只是一排排灰平瓦，整齐排列在红漆的椽子上，瓦用白灰勾缝，整体看上去如同红栈小楷，文气细腻、舒雅隽永。

第三、第五排的金柱直径比其他柱子的直径明显大一些，达48厘米，但这已不是力学上的专门要求，而是有意突出总督的重要地位：在此8根金柱中间，原是摆放总督公案桌的地方。而第四排减掉4根主柱，留出空间来，也是中国传统建筑中智慧的“减柱法”。减少部分内柱以增加建筑内部空间始于宋辽时期，称为减柱法或减柱造，而大堂柱式则很好地运用了这一原理。在第五排中间两根金柱之间，原有一面背屏，上面画一品仙鹤和朝阳，总督坐在背屏前面椅案上办公。所以，清时的大堂，因为有屏风挡着，不像今天从前面可以一眼望到后面去。

大堂柱与柱之间是等距的，但中间两行柱距要比旁边的柱距略宽一些，通过细数顶上椽子可以看出，中间两柱之间顶上有20根椽子，旁边其他柱子之间的顶上只有16根椽子，是有着细微区别的。虽然当心檐口的挂枋也是5块，与左右两柱间挂枋数量相同，因为中间柱距稍大的原因，其每块挂枋面积也要大一些，遵循着“五福临门”的说法。

大堂在柱式上还运用了“收分”和“侧脚”的做法。“收分”是按照一定的比例把柱子做成“底粗顶细”的形式，即稳定又轻巧，同时解决了直榫容易脱榫的问题，这在大堂正中间8根底部直径48厘米的金柱上犹为明显；而有意把立柱向内微倾形成“侧脚”，使屋顶的荷重产生向心水平分力，把榫卯挤压严实，增加大堂构架的稳定性，更是中国传统建筑的精妙之处。从月台正面看去，大堂西侧两根檐柱向里倾斜，正是“侧脚”的体现；但是现在月台东侧的柱子却是向外歪斜，便是不正常的情况，要引起警惕。

尽管大堂一眼看上去，多是柱和墙、线和面，其实它在功能上、比例上、布局上、格调上甚至理念上，都体现出极高的水准。大堂不多的几处装饰，

大堂西耳房门上的砖雕

大堂东耳房门上的砖雕

大堂西侧门上的砖雕

大堂东侧门上的砖雕

如东、西耳房砖系门楣上的回字纹和砖雕门额“清峙”“飞黄”，东、西边门上的花草纹饰和砖雕门额“琼树”“璇泉”，都将看似简单的建筑，点睛出内涵深厚的军政中枢。

三、历史人文的荟萃

1864 年 6 月，52 岁的天王洪秀全在府内气绝而终，不用棺木，用绣黄龙绸缎裹身，将其埋在大堂地下。一个月后湘军入城，一把大火将“十年壮丽天王府，化作荒庄野鸽飞”，大堂只乘残垣。曾国荃将洪秀全尸体掘出，鞭尸焚烧。

两江大堂建于残垣之上，曾国藩曾为督署大堂撰写一联“虽贤哲难免过差，愿诸君谠论忠言，常攻吾短；凡堂属略同师弟，使僚友行修名立，乃尽我心”，表达其内心的反省和愿望。1872 年 2 月，61 岁的曾国藩也

没入地下的大堂柱础

病逝在大堂近傍的花厅。人生无常，诸事难料，两人生前争斗了一辈子，却死在同一处，九泉之下相见，不知会做何感想！

1912 年江浙联军进入两江督署时，大堂月台外口还有木栅墙，两边分置钟鼓，现皆无存。1912 年 1 月 1 日孙中山在此宣誓就任临时大总统，建立了亚洲第一个民主共和制度，赋予了大堂特别的意义。

民国时期挂在大堂上孙中山手书“天下为公”木匾，1949 年后曾一度失踪。“文革”结束后，1977 年 12 月省政协机关在府内办公，为了恢复大堂原貌，派员四处寻找，最后在朝天宫文保会办公地点将原匾找回。

大堂为砖混墙体、方砖地面。现大堂水泥地面则是民国时期改造的。国民政府建立后，为了便于小汽车直接开到大堂，将原先大堂内方砖拆除，从大门到二堂的地面都铺垫成水泥地坪。同样原因，造成地坪抬高，大堂里原先高于地面的石柱础，只剩下上面一圈表面，其他部位都没于地表之下，完全没有了隔离、举托木柱的作用。

整个大堂内侧墙面半人高的灰砖墙裙，则是近几年维修时增加的。而在大堂主体两边山墙伸出檐柱之外的上部，有一对砖雕，古建中称作

西墀头

东墀头

大堂主脊上的吻兽

“墀头”， 这是硬山式建筑特有的一个组件，它始于明代，简繁不一，发挥着屋顶排水和边墙挡水的作用。大堂墀头由于位置较高，一般人不会注意到，又经风吹雨打，上面图案已经模糊。西边墀头是两只蹄类动物，应是两只梅花鹿；东边墀头有着仙鹤的翅膀、脚爪、脖子和身形，却有一个大大的鸭头，从工艺和构图来看这一对墀头并不是大堂原配。

1993年和2017年大堂分别有过两次揭顶大修。有人记得1993年以前，大堂正脊两端的飞角吻兽上，曾经对称插着宝剑，剑柄上有铁丝环绕成的装饰，人们从底下远远地就可以看见。宝剑今已无存。为了搞清状况，我曾在维修时爬上正脊，察看吻兽，却发现吻兽并非砖雕而成，只是木板制作，中间一根钢筋用以插根固定；外面涂上龙须鱼尾状的水泥纹饰；用手敲击，发出空空的声响。甚至在东边的吻兽上还有“1993年……”等字样，证明吻兽是前一次维修时的作品。

“剑插龙眼”是太天天国的做法，大堂却是后来两江总督建造的，何来此物呢？考虑到历史原因，早年太平天国研究因其革命性而为显学，总统府最初也是以太平天国天王府名义得领“国保单位”，人们一直把大堂当作是天王府的金龙殿，故在维修时，有人发挥主观能动性，塑造了“剑插龙眼”的装饰。

中轴线走廊从中间穿过

东、西厢房结构的古建资料价值

一、厢房的传统定义

厢房是指在正房前面两旁的房屋。总统府中轴线从大堂往后，现存六进，有大堂、穿堂、二堂、八字厅、政务局楼、子超楼等6处正房（朝南），每处正房前面都有一左一右对称的两座房子，相向而立，但能称作厢房的只有大堂后面、穿堂前面的两旁房屋：东厢房和西厢房。

厢房是中国传统建筑中的一个部分。大堂前虽然两旁有对称的房屋，但功能上另有定义，称作朝房，从形制上看，因有走廊相连，也可称作庑房；而二堂前两旁，虽然后来国民政府在此改建礼堂和玻璃幕墙等，但可以从老照片和前面倒座式穿堂判断出，二堂前面两边只是边廊而无厢房；往后的八字厅、政务局楼，虽然各自前面两旁有对称的房屋，具有厢房的功能，但其西式的风格，总让人有一种“西装”与“马褂”不配套的感觉；而最后的子超楼前，两旁对称的“小黄楼”，不仅建造较晚、体量较大，超出“房”的概念，更有左右廊墙将小黄楼与子超楼隔离开来，故不作厢房。

综上所述，穿堂前两旁的建筑是总统府内遗存的唯一一对厢房，它的史料价值、历史意义、文保作用都得到提升。

二、厢房的建筑特点

厢房长 16 米，宽 5 米（不含廊檐），呈长方形南北走向。厢房内部中间各有 4 根中柱，连同南北两面山墙中各一根山柱，6 根柱子在室内一字等距排列，对应顶上 6 道山梁。内部起初有隔间，现为一大通间。

厢房的建筑工艺看上去并不复杂，但南、北山墙在与前面大堂、后面穿堂的交接上，有一定的要求。厢房南山墙借用大堂背墙，一墙两用，梁架相接、廊檐相交；厢房与前面的大堂、后面的穿堂均不在同一高度，厢房比大堂低矮，厢房的主脊架在大堂高大的北墙上，屋檐架入大堂背墙墙体中；大堂背坡瓦顶要接住厢房主脊和两披瓦顶，在接合部上形成一个八字形斜斗，这里既要做好散水防漏功能，也要考虑建筑的结构和美观。所以，当打开屋顶揭开屋瓦时，你会看见中国古建主梁和次梁、次梁和次梁以及梁柱和墙体等关系，是十分精妙和工整的，这在厢房上有很好的体现。

廊檐相交

回到前面大堂，你还会发现，大堂内左右两边抵在北墙上的耳房的隔墙，正好在后面厢房梁架位置，对大堂北墙起到了很好的加固作用。

三、厢房的变化检视

建筑发生变化大都是因为需求改变，随之而来的适应性变化，当然其背后有着社会历史发展的原因和背景。

厢房最初只是两江总督署建筑群中的一个部分，位于中轴线大堂和穿堂之间，因为在大堂的后面，功能上并不与大堂形成单元的配套，而是与后面的穿堂形成主次关系。但是，穿堂是倒座式，在功能上对前面的建筑呈“回避”与“封闭”状态，这让厢房形成“前后背离”“厢无所附”的境况。实际上尽管厢房前后分别与大堂、穿堂相接，但其内部并不与大堂、穿堂相通，而是一个独立、封闭的空间。

中轴线从大堂往后加建有带顶盖的走廊，后半部的八字厅、政务局楼还加有一横向廊顶，把两旁的房屋连接起来，与中轴线纵廊交叉，形成“十字廊”。而厢房却没有这样一条横廊，可见此厢房的地位和作用并不重要。

东、西厢房相向而立，两者之间距离约为22米。有一张国民政府时期的老照片，画面是蒋介石从府内向外走来，军乐队在东厢房前列队迎候。从照片上可以看出东厢房面貌与今天大致相同，但东西厢房前4座砖砌花坛和4棵高大的广玉兰树，并不存在。

20世纪30年代蒋介石检阅军乐队

现东厢房因陈列

西厢房

“清两江总督署史料展览”，内部空间为打开的大通间形式。为了展线顺畅，在东墙上新开一门，连接后面的展览。厢房的地坪是水平的，从中轴线入厢房并无台阶，而从打开的东墙门往外，便要通过三级台阶上下，可见总督署的地坪是中间高两边低的，这个地势因素影响着整个督署的建筑。

西厢房作为临展厅，和东厢房一样，为一大空间，由于紧靠大堂之后，“市口”极好，参观人流拥挤不断，一改最初作厢房时的闲僻。

有意思的是在厢房迎面的墙体上，中间四开的格扇门是晚清传统样式，而方格窗墙面和两个角门却是民国时期流行的样式。造成“一墙两式”的原因是，民国时期把清朝的格扇门窗和墙面全部改成了木框玻璃式；现在办“清两江总督署史料展览”，只恢复了中间的清式门扇。

2010年前后，曾对厢房进行维修，西厢房顶上脊瓦衬底用的望砖筑脊略小，东厢房顶上脊瓦衬底用的青砖筑脊较大，这样便造成了东高西低的细微差异。当时有猜测，是否望砖不够用，而用青砖代替。后知中国古建东高西低、东硬西仰，为传统文化中的左青龙右白虎，青龙可高起，白虎高起要伤人。不知维修是有意为之，还是歪打正着，更不知曾国藩修督署时是何状况。

穿堂南面

穿堂的“明三暗五”和“倒座式”

一、开间“明三暗五”

穿堂在大堂和二堂之间，跨中轴线，与中轴线带顶走廊形成“十字廊”。穿堂前面两边是东、西厢房；后面原有东、西边廊，国民政府时期东边保存部分院落，西边改建为礼堂。

穿堂横跨约 28 米，进深约 9 米。正面明厅四柱三开间，正中开间较大，面阔 5 米多，两边开间略小，面阔将近 5 米；进深 5 米处为一墙横隔，将穿堂分为前、后两部分，中间大门，中轴线走廊穿门而过。明厅两边是隔间，南面不开门窗，墙中有柱，与明厅合在一起，实是六柱五开间，谓之“明三暗五”。

其实在穿堂六柱两侧，还有两柱；隔间旁边还有隔间，实际是八柱七开间，整个结构形成一体，只不过最外侧的两开间，与前面的东、西厢房北山墙一墙两用，隐在了东、西厢房北端，从正面是看不见的。

穿堂为瓦顶、梁柱、砖墙，中轴线走廊廊顶贴檐下从正中穿过，廊顶遮住顶上望砖。

二、北向“倒座式”

从北面看，穿堂中间也是三开间明厅，往两边为穿堂内隔间。虽然从南面看到的隔间，与从北面看到的隔间是同一空间，但是北面因为没有建筑遮挡，可以清楚地看见穿堂东、西两边各有两个隔间（从南面只能看到一个隔间，两端的另一个隔间被东西厢房遮挡住了）。隔间的北墙与穿堂中门平行，正好在穿堂的主脊之下。隔间的北墙是一排朝北开启的格扇门。出格扇门是穿堂宽大的台明，从隔间或是台明上可以很好地观察到后面二堂里的情况。

相比而言，穿堂北面部分，比起南面部分，变化要大一些。因为后来国民政府于 1935 年把隔间原北墙拆除，向北推移，在台明边沿建造了一道玻璃幕墙，这样就扩大了隔间的面积。又因为玻璃幕墙外沿即是台阶，不便再向北开门，于是将东、西隔间的门开向中间。

两隔间门都是大红漆底、花格装饰，东西相对、双开门扇。虽然两门注意留出了中间三开间的明厅，但现在两门与中间门柱的距离却是不相同的：东边门距离中门门柱约有 4.5 米，西边门更靠近中门柱，距离约为 2.3 米。

穿堂西侧

因为国民政府为了方便汽车出入，将从大门到二堂的地面用混凝土铺平，并在表面刻画出装饰性的小方格，穿堂地面也在铺平范围内。当时所用混凝土质量很好，至今地面结实耐用、结出包浆。从小方格文饰混凝土地面和隔门柱础可以清楚地看出，民国时期东、西两门至中门的距离是相同的，都铺满了小方格的混凝土地面。

1949 年后西面隔间曾为江苏省宗教局办公用房，西隔间门的位置向中间移出了半个开间，以至半个开间的混凝土方格文饰地面被圈到了西隔间里面，由此证明移门是 1949 后为扩大办公空间而为。

出穿堂后左右地面有两块长方形条石，尽管条石上也刻画出方格文饰，与民国时期的混凝土地面文饰融为一体，但漆黑的石材和亮丽的包浆，表明它们曾是穿堂北门门当或栏杆的基座。

倒坐式穿堂，从设计功能上来说，主要是为了对后面的二堂负责，与二堂形成主次关系；穿堂隔间门向北开，是差役、随从在此等候，一俟在二堂办公的主官有所使唤，便可及时听候吩咐。国民政府时期将这里作为总务局管理股办公用房也有这个原因。

三、“挂枋”和“墙洞”

1995 年，穿堂正中顶上曾经发生部分垮塌，露出顶上天空。当时总统府还没有对外开放，只是机关办公之地，所幸垮塌未造成人员损伤。垮塌部分不久就修好了，但留下了一个错误：按规制两柱之间的挂枋，特别是中间的“当心间”应是 5 块；上面为祥云蝙蝠图案，谓之“五福临门”。这从晚清老照片“总督署西辕门”上可以得到印证。现存的东、西朝房、大堂等古建也都

西辕门

穿堂墙面上的窗洞

是每开间 5 块挂枋。而在修复穿堂廊顶时，却错将迎面挂枋做成了 6 块。原因是中间开间比两边开间要大一些，正中的挂枋做的和两边的挂枋一样大，势必要多做一块才能将开间填满。而正确的做法应是，中间每块挂枋要比两边的挂枋稍大一些，一共应做 5 块。

墙洞底面

墙洞内顶悬挂式铁构件

近年在穿堂三开间明厅、与中门同向的东墙上，维修墙体时，偶然发现一个被封闭起来的墙洞。打开墙洞后，发现墙洞呈下大上小矩形，周边镶有木框，底边宽 50 厘米，上边宽 35 厘米，矩高 60 厘米，底边离地面高 100 厘米，墙洞内残留民国时期报纸。推测此墙洞为关上穿堂中门以后，以便从内向外观察，或作为内外转递物品，或是夜晚放置油灯之用。国民政府时期后因中轴线通行汽车，穿堂不再设门扇，墙洞便失去了内外转运的作用，故而将其封闭。现墙洞作为展示之用，已恢复原状。

中轴线玻璃幕墙

中轴线玻璃幕墙的功能和美学

据曾为国民政府庶务科荐任科员的汤又新、丁绍兰回忆：1930 年修建礼堂时，“还将中间穿堂和西边通礼堂的走廊两边，都装上了固定的毛玻璃长窗（此窗不能开），这样就挡住了窗外的视线，把走廊和穿堂两边的破旧瓦房统统遮盖住了。据说这个巧妙的设计系出于名建筑师卢某之手。其实这手法再好也不过是金玉其外、败絮其中，始终没有治好礼堂屋面的一漏再漏”。

汤又新、丁绍兰回忆中提到的“著名建筑师卢某”是指卢树森。卢树森（1900—1955），字奉璋，浙江桐乡乌镇人。现代著名作家、文学家茅盾是其表兄。卢树森于 1924 年至 1926 年在美国宾夕法尼亚大学建筑系学习，1930 年至南京中央大学任教，1932 年任铁道部技正，1937

玻璃幕廊东外侧

年在重庆中央大学任建筑系主任，1938 年回上海开设永宁建筑事务所，1949 年后任华东建筑设计公司总工程师，并兼任该公司驻南京办事处主任。

修建国民政府礼堂和玻璃长廊是时年 30 岁的卢树森学成归国后最初的实践，与此同时 1930 年卢树森还设计监造了中央研究院北极阁中央气象台、南京栖霞山栖霞塔修复等，后来又有中山陵藏经楼，成贤街文德里中国科学社生物研究所等，在古典建筑和中西结合上颇有成就。

维修中的玻璃幕廊

卢树森是民国时期著名建筑师，又修建了国民政府礼堂。

与礼堂南门相连的东西走向的玻璃廊道

汤又新、丁绍兰二人当知其名，但却以“卢某”相称，并说“手法再好也不过是金玉其外、败絮其中”。我个人推测可能有三个原因：一是新中国成立初期为了表明政治上的“坚定性”，二人在写回忆录时，对卢树森故作鄙夷之态，这是时代的写照；二是作为国民政府职员，自认为社会其他行业难以比肩，有优越感，这是官府习气；三是原先可以方便进出、视野开阔的穿堂耳室，正好是庶务科的办公处，玻璃长廊设置后，将耳室憋屈在角落里，这是个人嗔怨。

从穿堂后檐柱至二堂前檐柱共有 19 米距离，沿走廊两边各有 7 柱 6 间，全为玻璃幕墙相连，每开间之间有 4 扇玻璃窗，上边盖架廊顶，人走在里面如同室内。玻璃幕墙从下往上分为 5 个部分：最下面是 65 厘米高的木墙裙，木墙裙往上连接的是玻璃窗格，每扇高 130 厘米、宽 68 厘米；玻璃窗格之上是一条看上去横向交圈的玻璃木格隔带，宽 30 厘米；隔带之上又是玻璃窗格，长宽与隔带下面的玻璃窗格相同；隔带和下面的窗格用的全是毛玻璃，能透光亮但看不清对面；上面窗格用的是白玻璃，可以看见外面的屋顶、树梢和天空；最上面是可以推开的气窗，每扇高 60 厘米、宽 68 厘米。

西边的玻璃幕墙上开有两个门，一个是由走廊通向礼堂的南门，另一个是由走廊通向礼堂的东腰门。所不同的是，通向礼堂南门的走廊也是玻璃幕墙封闭的，门上还做了漂亮的门套；而通向礼堂东腰门的走廊却是敞开式的，虽然廊上有顶，但左右两边只是低矮的木栏杆，门也是和玻璃幕墙一样的形式和颜色，毫不显眼。从民国老照片中可以看出，抗战前，主官是从礼堂边门出入的；抗战后，蒋介石从礼堂演讲台上下来，都是从听众正中间穿过，走到礼堂的南门离去；蒋介石和李宗仁当选正、副总统后，也曾一同从礼堂南门的走廊出来。由此可知，连通礼堂南门的走廊才是重要通道。

玻璃幕墙起到了遮掩作用，也增加了许多色彩，一年四季，春夏秋冬，不同的光影让人产生愉悦，是总统府里让人最富想象的部分。

传统建筑大多冬暖夏凉，但玻璃幕墙却相反：我曾连夜接车布展，站在冬夜的玻璃走廊里，感觉如同置身风箱，寒风一个劲地吹，冻得全身发抖；而夏天玻璃走廊里却是一丝丝微风也没有，像是在高温的蒸笼里，热得人头发昏：可见中看的不一定中用，中式建筑原有自身的体系。

二堂

二堂：1929 年召开编遣会议的原址

一、老照片中的二堂

二堂位于穿堂之后，红柱白墙七开间，有东西耳室各占两开间；中间三开间，内部顶上木条天棚，四角向上内收；原先敞开式的前廊檐，被玻璃幕墙封闭，只留正中开间与玻璃幕墙走廊相接；后墙中间一门，门上半圆形花格玻璃窗装饰，出门往后是八字厅。二堂原是两江总督接见官员、僚属，举行一般性礼仪活动以及审理案件的地方。和大堂一样，二堂正中也有案台和笔墨纸砚。东侧耳室为议事厅，是总督上堂后暂时休憩、与幕僚们议事的房间；西侧耳室称启事厅，书吏将案卷整理好后，总督在此处理公务。

1929 年 1 月国民革命军编遣会议代表合影

1929 年 1 月国民政府在府内召开国民革命军编遣会议，留存两张现场照片。其中一张照片上，参会的军政要员计 21 人，每人一把椅子坐成一排，在一座建筑前合影。正中是蒋介石，右边依次是吴稚晖、李宗仁、朱培德、古应芬、陈绍宽、陈季良、朱绶光等及最右边的何成濬。左边依次是冯玉祥、戴季陶、孙科、王伯群、何应钦、张群等及最左边的陈布雷。

根据照片上建筑的位置和格局来看，此处应是晚清留存的二堂。因为前面的朝房、大堂、厢房和穿堂等建筑保存完好，照片上的建筑不在其列。虽然中轴线上二堂以后、麒麟门以内，所有晚清建筑在民国时期已经变换，但可以肯定，照片上的建筑也不在其中，因为照片上有一个明显的参照：即西边廊墙和廊墙门。此门是通向煦园和花厅的吊轮式推拉门。二堂之后是内宅，是总督及其眷属生活居住的地方，有墙隔开（高大隔墙现存完好）、内外界线分明，外人不得入内。煦园入口和花厅是总督接待客人的地方，不会设在内宅（三堂、上房）范围内的。

照片上建筑本身也与二堂情况相符。两边耳室，中间敞开的空间设有背屏，背屏上依稀可见左边民国国旗、右边国民党党旗，中间一块不太清楚，应该是“总理遗像”；屏前有案桌，直径比较大一些的主柱也看得清楚。房檐挂枋、房顶小瓦、地上石板、青砖等语汇与府内其他晚清建筑风格统一。照片上还可以看见前面地面上有阳光投下的花格影子，说明 1929 年 1 月召开编遣会议时只有一些简易廊架，而礼堂、玻璃幕墙、带顶走廊等尚未建造。

第二张照片是 1929 年 1 月 25 日编遣会议闭幕式合影。主要人物与第一张照片上一致。新增面孔有宋子文、李济深、阎锡山、胡汉民、蔡元培、陈仪、薛笃弼、陈调元、赵戴文、白崇禧、孔祥熙、贺耀组、贺国光等人。蒋介石坐在中间，依然是一身军服，因为天寒外面加裹了一件黑色的大敞，严严实实只露出头；李宗仁换上了浅色风衣，戴着礼帽和墨镜，双手拢在袖子里，坐到左边去了；也有人光着头不怕冷的，取下帽子拿在手上……

这张照片的背景是一座廊墙，墙上正中为一双开门扇，正是前一张照片上建筑西边、露外半个门框的那扇门。门头上有砖雕“煦园”两字，周围砖系花纹装饰。出此门便是西面的煦园和花厅，编遣会议或是就近在花厅里召开的。

后经国民政府改造，廊墙既为二堂前的西边廊，同时也是大礼堂的东墙。墙上的双开门便作了礼堂的东边门，但门头上的“煦园”砖雕不见了。

二、国民政府对二堂的改造

20 世纪 30 年代国民政府对二堂进行了改造。为了方便小汽车直接开到二堂，在二堂的地面铺上混凝土、小方格纹饰，与从大门开始，经大堂、穿堂而来的中轴线通道为一个整体；二堂内的石柱础也因为地面垫高后而陷入地面之下。

二堂立柱上的电灯

在开间阔面上二堂与前面的大堂、穿堂基本相同，同是七开间；但在进深上，大堂约 19 米，而二堂才 12 米；加上木条天棚顶、前廊玻璃墙和两旁耳室，整个二堂空间上要小得多，感觉像瓫堂。但与穿堂相比，因为二堂中间明厅没有横向隔墙和中门，两江总督时的摆设也全都撤空，不作办公空间，仅作小汽车调头的场地，二堂又显得整体和简明。

二堂正中为三开间明厅，四周墙面 14 根中柱，中间 4 根金柱，共 18 柱，与大堂 36 柱呼应。4 根金柱的直径要比中柱直径大，约 45 厘米。金柱上方各钉有 1 只铸铁壳玻璃罩电灯，是国民政府的遗物，因为位置较高，没有遭到人为损坏，虽然有些锈蚀，至今基本保存完好。

民国时期二堂东侧隔成两个空间，一个作为参军处的饭厅和图书室，一个作为参军办公厅。西侧为参军处办公室，后来作为礼堂活动服务用室。东、西两侧有单门与中间明厅相通；二堂后墙中间一门，门洞为双扇，比两侧单扇门要大，但三个门的外门套回字纹饰和金黄色底色完全一致，形成呼应。

带“寿”字纹的二堂拱券门

东幕墙

三、“寿”字门饰和硬接的玻璃幕墙

二堂后墙门框上，装饰有半圆形花格玻璃窗，内制玻璃小方格 50 块；弧圈上等距排列着 6 个“寿”字，弧顶拱券牌上另有一个篆体“寿”字。有人认为官府不应该有此民俗类的“寿”字，此“寿”字或是近年维修时造上去的。其实 1946 年蒋介石从重庆还都南京后，正逢 60 大寿，当时南京各大机关、公共场所都遍布“寿”字。此二堂三门金碧辉煌，正是当时府内贺寿之用的“介寿堂”。

二堂三开间明厅，除中间留作中轴线通行外，两边开间的南墙也用玻璃幕墙隔起，并转向中轴线，与中轴线玻璃幕墙、南边的穿堂幕墙相连，上面是中轴线廊顶，从二堂至穿堂有 19 米距离，这样便形成一个“工”字形的内部空间。从建筑美学上来看，这种在中式传统建筑内部做一个西式的“内胆”，有点像马褂里衬了一件西装。

“煦园”门额

“煦园”砖雕门额的考订

一、府内三处“煦园”门额

1929 年 12 月编遣会议代表合影

总统府“煦园”砖雕门额有三处，一处见于 1929 年 12 月国民政府编遣会议合影照片上，地点在二堂西廊门上。1930 年礼堂改建时，将此处扩建为礼堂的东腰门，砖雕门额不存。第二处是指现在府内西朝房北端、入西花园的龙墙上，有一个月洞门，门上现有一方“煦园”砖雕门额。第三处是礼堂的西腰门上现也有一方“煦园”砖雕门额。

1930年扩建礼堂时，原煦园门成为礼堂的东腰门，入此门不再是煦园，而是进入礼堂的里面，如门上再有“煦园”标识便无道理。国民政府负责礼堂扩建的贺耀组、古应芬等人，自是明白这个道理，将其取下，不至于闹笑话。

尽管门额上的砖雕不存，此处也从煦园门转变为礼堂门，但是门的位置没有变化，大小、形状和制式也保持着原样。外面一个方形的门框，内里左右两边门扇，门扇上有3条铁卡扣，铁卡扣向上一头挂在门框上方的三角尖顶的轨道上，向下一头钉牢在门扇上，门扇还可以晃晃悠悠地向两边拉开。后来因为中轴线上加隔了玻璃幕墙，一般人不会注意到这里的细节，知道编遣会议在此召开的人也不多。

20世纪80年代总统府西花园向社会开放，而大堂以后中轴线区域仍是省级机关办公场所。为了不影响机关办公，便将民国时期已打开的西朝房北端门作为通道，将游客引入西花园。为了配合开放，在西朝房北端门后面，修建了一道龙墙，墙上开有月洞门，门上装上了“煦园”砖雕。礼堂西腰门上的“煦园”砖雕也是此时修建，并非历史遗迹。

二、临时大总统孙中山从“煦园”门出入

孙中山去开内阁会议

有一张孙中山出行照片，一直以来推测是1912年至1917年摄于南京，但具体时间、地点不详。照片上孙中山头戴礼帽，身着长礼服，内穿白衬衣、打领带，快步向前；他身后跟随了8名身着军服的军人，正从一个方形木框的门里走出来，门边还有两个持

礼堂西腰门

枪站岗的卫兵。

此处孙中山出行的“方形木框门”与编遣会议合影照片上的“方形木框门”完全相同。孙中山出行的门扇是开着的，可以看见方形门框里还有一个小一些的腰形的内门框。编遣会议合影照片上的门因为是关着的，只能看见外面的方形门框，而看不见内里的腰形门框。

现在礼堂东边门方形门框仍在，但内里的腰形门框不存。而礼堂西边门，除了外面的方形门框保存完好外，内里的腰形门框同时存在，为我们提供了腰形门的实物。

那么孙中山出行照片会不会是在礼堂西门拍摄的呢？经过仔细研究，确定孙中山出行照片，不是西边门，而是礼堂东腰门。

首先，孙中山在南京的时间是 1912 年，1912 年时礼堂还未建造，没有西腰门之说；其二，总统府地势是两江总督署旧基，中间高两边低，礼堂西腰门出来落差大，有 7 级台阶，而东腰门向中轴线落差小，只有 3 级，东腰门情况与照片相符；第三是在编遣会议合影照片和孙中山出行的照片上，门前同是三级青石板台阶，特别是在第二级左边第一块石板与第二块石板之间，都有一个一模一样的缺损，确证两门为同一处；第四是编遣会议照片上有完整的“煦园”砖雕，孙中山出行照片上因为拍摄角度偏低，没有将砖雕摄入画面，但空间关系合理，并不妨碍认定两处为同一地点。

此张照片也说明，1912 年前西朝房北端并没有开门，从中轴线入煦园的主通道，就是孙中山出行照片上的门。这对我们研究临时大总统府办公、住宿等房屋地点有着重要的参考。有资料记载，大总统府的秘书处在礼堂和太平湖之间的平房内，而不是现在认为的西花厅前面。这将西花厅、漪澜阁木桥、秘书处和向中轴线的通道都连在一条线上，是合理的设置。

1917 年北洋政府副总统冯国璋在二堂西廊门前合影

三、建筑变化要知其所以然

礼堂东腰门只剩下外面的方木框，而无内里的腰形门，应是 1930 年改建礼堂时拆除。这从同期修建的玻璃走廊和与方形门框对接的引道的宽度可以推断，目的是让礼堂会议人多时出入方便。

1930 年礼堂扩建时，出东边门、东西方向填高出一条引道，与南北

维修中的礼堂东边门，原“煦园”门额位置

礼堂西腰门门头上的“煦园”砖雕

走向的中轴线平坦相连。也正是这条引道，将两张老照片上曾经存在的三级台阶全都掩盖了，如今只留下依稀的痕迹。

现在礼堂西腰门外侧的“煦园”砖雕门额，其实是一个“方向性”的错误，如按门额所示进入此门便应是煦园，其实进来后是礼堂，煦园在背后方向。那么为何会出现这样的错误呢？

推测一，因为老照片上孙中山是从有内腰门的方门出来，安装“煦园”砖雕门额时，便以有无内腰门为据。在将礼堂东、西门现状比较后，得出东门无内腰门，西门有内腰门，门额应装在有内腰门的门上，于是误装在了西腰门外侧。

推测二，20世纪80年代，府内中轴线区域是省级机关办公重地，大门有军人站岗、闲人免进；而与礼堂一墙之隔的煦园开始对社会开放。因为知道礼堂腰门上曾有“煦园”砖雕门额，但若是装在中轴区域的东腰门上，对于这种“封建”的内容，出现在经常召开重要政治会议的场所，与当时的大环境不协调。但是在礼堂西面开放区域，恢复一些与遗址有关的内容作为点缀，却是允许和可行的。明知砖雕装错了方向，可毕竟装在了有关联的地点。

原南京市文物局副局长韩品峥告诉我，20世纪80年代，省级机关大院管理处拆掉了西朝房北端煦园入口处的两幢平房，建了龙墙月洞门，并安装了“煦园”“纶音”砖雕门额。当时还专门就砖雕上的回纹装饰征求韩品峥的意见，韩品峥说这种回纹是太平天国的做法，与两江总督署砖雕风格不相符。但事后管理处并没有采纳韩品峥的意见，还是把回纹做了上去。

但是，将“煦园”砖雕门额装错位置，会对今天产生误导。如，传说 1912 年 1 月 1 日晚，孙中山先生在大堂宣誓就职，后因天气太冷，又转到有暖阁的“煦园”门继续进行。现在按这一说法做成说明牌，不经考证就放置在礼堂西腰门旁边，且不说此“煦园”门不是原“煦园”门位置，就 1912 年礼堂尚未建造的史实，此处也无门可额，何来的“在暖阁继续宣誓”？因此，应该把这个建筑上的变化告诉大家。

1948年5月20日蒋介石和李宗仁当选正、副总统

礼堂复原之惑

一、舞台有混淆视听之嫌

有一张民国老照片：画面是1948年蒋介石、李宗仁当选正、副总统后，于5月20举行正、副总统就职大典场景。据李宗仁回忆说："蒋介石早就决定好，就职当天要穿长袍马褂的礼服出席，却在典礼前一天，通知我穿一般军便服即可。"结果在就职大典上，在各国使节和各方宾客约3000人面前，李宗仁穿着挂满勋章的军服，站在蒋介石的身后，活像是蒋介石的侍卫或副官，毫无副总统的形象。这一滑稽场面为世人所熟知，特别是1949年后来总统府参观的人，每每走到礼堂时，就能想象当时的情形，把这件往事当作笑谈。有不明就里的导游，煞有其事地讲解：

当年蒋介石、李宗仁在这里宣誓……

其实认为蒋介石、李宗仁在总统府礼堂宣誓就职，是搞错了地点。事实上宣誓地点是在总统府西边不远的国民大会堂里。这张民国老照片产生了误导，但是问题不在照片本身，而在总统府礼堂建筑后来发生了变化，把原先低矮的讲台和玻璃窗后墙，改建成高大的舞台和砖墙，一眼看上去与老照片上国民大会堂的主席台几乎一样了。

老照片上国民大会堂的主席台有大半人高，蒋介石、李宗仁等人站在上面，台下的人必须用仰视角度。主席台顶上是石灰水泥面和线条，空间上是中间高两边低。背墙正中是装在木框里的大幅的中华民国国旗图案，国旗底边下面对应 8 块长方形落地饰板，每块饰板上有 1 朵类似螺钿工艺的梅花。紧靠国旗前面是孙中山晚年时期的画像，也用木框装饰。写有“司仪”两字的立牌在主席台的东边。台前立有三支麦克风，形状如同“眼镜蛇”（并非“蛛网式”），上写“中央电台”四个字。台沿是向前突出的弧形，因国民大会堂又称为戏剧音乐院，故台前有月牙形乐池。

现在总统府礼堂里的舞台，是 1949 年后改建的，虽然也有半人高，台沿向前呈突出的弧形，但前面没有乐池；背墙是石灰水泥面和装饰线条，但是舞台顶上却是露梁式的，可以看见六道“山”字形梁柱和屋面板；两边还辟有专门的灯光、音响控制室，以及后台的演职人员缓冲区间等。国民大会堂可以容纳大约 3000 人，总统府礼堂面积则要小得多，有 300 人进入就已显得拥挤了。

造成混淆的原因，除了老照片提供了一个相似的场景，和总统府礼堂舞台后来改建成与其相似的样子，以及一般人想当然的“总统宣誓当然在总统府里”的理由，还有一个原因则是：原国民大会堂现在改名为人民大会堂，只是在有活动时才能入内，平时并不对公众开放，大门紧锁，很少有人能看到里面的真面目，根本无法比对。

二、“五并屋顶”造成结构性缺陷

1930 年国民政府改建礼堂后，正如国府职员汤又新、丁绍兰后来回忆说：“其实这手法再好也不过是金玉其外，败絮其中，始终没有治好礼堂屋面的一漏再漏。”每到雨季来临，礼堂总是有水渍顺墙挂下来，仔细勘察后，大概可知漏雨的原因：整座礼堂是由五个建筑并在一起而成的，这五个建筑都有各自的结构和屋顶，接合部位很难处理好。

1930 年经典礼局呈请蒋介石批准，开始翻修礼堂，即“将原来权充礼堂的那座旧花厅屋面翻盖，延伸到花厅外的天井，面积扩大约三分之一，室内柱子包了装饰板，地面改铺花瓷方砖，四周又加装护壁板，礼堂大门改为南向，前面又辟出一条过道与中间穿堂相连”。汤又新、丁绍兰二人的回忆是亲眼所见，应该是可信的。但其实礼堂比起原来的花厅不只是大了三分之一，而是增加了一倍的面积。从北面舞台沿口到南边墙面约 20 米距离，中间柱子（原花厅廊柱）正好在 10 米的位置上。礼堂增加的面积，便是中间柱子南面的部分，这部分空间与原花厅面积基本相同。

中间柱子的北面是原花厅，沿东西两墙面往北到礼堂舞台沿口，等距离有五根柱子，都用木板包成了方形，因顶上有吊顶天花板，在天花板下面部分，五根柱子看上去是一样的。但稍有建筑知识的人就会判断，在天花板上面，正中那根柱子一定是最长的中柱，支撑着顶梁；另外四根分立前后，是

礼堂“五并屋顶”

为山柱，长度依次减短、两两相同。果然，站在外边假山上，就看清了原来花厅的山墙和屋顶，墙中的五根柱子也立在对应的位置上。

中间柱子的南面是新增面积，沿东西两墙面往南到礼堂南墙，墙上看不见柱子，而是各开有一个吊轮式推拉门（西边门外额上有砖雕“煦园”）。礼堂东西阔面距离是21.7米，起先中间保留了一排四根檐（廊）柱，加上墙面的两柱，一共是六根柱子，对应顶上六架山梁。在早期的国民政府礼堂照片中，还可以看见中间四柱，后来改成了两柱，这是采用了“减柱法”，以扩大面积和改善视野。从中间柱子的梁架上，向南墙架有四道跨梁。因为整个礼堂内部都做了吊顶和藻井，把两个并在一起的屋顶遮掩住了，不了解的人还以为上面是一个整体呢。

礼堂南墙阔面上等距离有六根柱子，都做成了方形，上面有竖条凹槽纹饰；正中是礼堂南门，门、柱装饰都与礼堂里的西式风格一致。但是走出礼堂南门，到前面横廊过道里回头看时，墙面上的六根柱子却是圆形的，这与横廊过道采用的中国传统风格保持一致。汤又新、丁绍兰二人对横廊过道有描述：“礼堂大门改为南向，前面又辟出一条过道与中间穿堂相连。过道两边墙上嵌黑色的大理石护壁和朱漆柱，顶上做有暗花玻璃的藻井，里面配置了灯光。”如今黑色大理石护壁、六根朱漆柱和顶上暗花玻璃藻井基本保存完好。这种入门西式、出门中式的做法，是典型的中西对接（不是融会），十分耐人寻味。

中式风格的礼堂南门通道

民国时期礼堂多次维修。1930年这次维修是卢树森设计，1935年由鲁创营造厂再次进行了改造。据《国民政府公报》载，两次用费差不多，前次由代理参军

1946 年礼堂照片上可见主席台是低平式的

长贺耀组呈请、蒋介石批准用费 7322.50 元大洋，后次由参军长吕超呈请、林森批准用费 7000 元大洋。此后 1946 年国民政府还都、1948 年选举总统时，都进行过维修和出新。

礼堂北面的舞台是 1949 年以后所建。在 1948 年拍摄的礼堂老照片上，主席台还是低平式的。据 20 世纪 50 年代在总统府工作的“文管会”同志回忆，当时进入总统府时，便已经有了现在这座半人高的舞台了。也就是说舞台是在 50 年代初期 “军管会”期间建成的。舞台在结构上也是自成一体，屋顶上有六道山梁，悬挂着幕布和布景灯。舞台屋顶与原花厅屋顶拼在一起。

舞台北面又建有一条披屋，依靠在舞台的北墙上，是演职人员等候演出、化妆和摆放道具的地方。国民政府、总统府里是不可能组织文艺演出的，由此也说明舞台和披屋都是后来建造的。

综上所述，花厅南面并接着新增的部分，北面并接着舞台；而新增部分的南面又并接着横廊过道，舞台北面又并接着披屋。每两个屋顶并接在一起，便有一个接合部，这个接合部便是漏雨的隐患所在。民国时期礼堂落水管是铁皮制作，藏在砖墙里面，时间一久锈坏了，雨水便从墙里往外渗漏。

知道了礼堂的“五并式”结构后，再看礼堂西面的“龙墙”就不奇怪了（礼堂东边有玻璃幕墙遮挡，不用再加龙墙）；原先一直在思忖两江总督能否用“龙墙”、国民政府还在搞“艺术”的问题，其实这蜿蜒起伏的龙墙，本意是要掩饰杂乱的屋顶和波浪般的山墙。

此时你会眼睛一亮看见龙墙低回处，也就是两个屋面的接合部，有落水管从打了孔的墙面伸出来。按此原理，“五并式”两边墙上应该各有四根落水管。略作搜寻，果然如此。这些落水管是近期维修所为，在废弃了原先墙里的落水管后，将落水管改在了明处，尽管不好看，却也基本保证了散水。

三、古建复原要做综合性考量

古建复原是要尽可能地接近原貌，但并非是倒退至原状。

既然礼堂舞台是1949年后所建，并且有混淆视听之嫌，为何不将其拆除、恢复历史原貌呢！在这个问题上，我认为遗址复原可分三种情况：一是导向式，可以做得简洁，但要“不动声色”，这是教育的艺术。二是迎合式，可以想象，但要做得“似曾相识”，这是人文的共鸣。三是选择式，可以暂时等待，但要“守土有责”，这是文保的要求。

有时候复原的工程量并不大，抉择却很难，总统府礼堂的复原便属于这一种。如将舞台拆掉，只需几天的时间，但首先遇到的问题是选择复原哪一个历史时期的面貌，晚清花厅的历史面貌、1930年的礼堂和1948年的礼堂面貌各不相同；现在的舞台尽管是1949年后所建，已有60多年的历史，成为历史的见证。就算在选择历史时期上达成了共识，接下来复原工程所需的材料、工艺等细节和遗址的气息、环境等方面因素是否能够满足要求，是否保证就一定比现在的舞台好，都有待于评估。

复原晚清两江总督署的花厅并不难，原花厅结构和位置都比较清楚：花厅位于二堂西边，与二堂并排而建；花厅背墙与二堂背墙平齐，现在站在后面八字厅仍可对其目测；礼堂中间有并排两根方柱，是原花厅前廊柱位置，与二堂前廊柱平齐，这从屋顶山梁结构可以看出；花厅的阔面是六架五开间，比二堂少两开间。

甚至花厅的内部样子也可以找到参考资料。有一幅流传很广的晚清年画《曾国藩庆贺太平宴》，画上落款“铭香斋”，是上海旧校场年画一条街上有名的店铺。这幅年画描绘了花厅的场景，中间是一座围榻，上置茶几，曾国藩和李鸿章一右一左坐在上面，背后屏风；前面湘军将领分两边排坐，左边从里往外是左宗棠、骆秉章、鲍超，右边从里往外是彭玉麟、李续宾、曾国荃。前面有一湘兵单膝跪地，呈上红喜报，另有一人上前接受；右边还有一红衣家丁手持长烟杆和烟袋，随时为在座各位奉上。因为是年画，画中人都合时宜地穿着冬服，顶戴花翔，罩衫朝珠。却只有骆秉章手持一柄打开的折扇，让人有点意外。座位后面分散站着10位家丁，花厅地上方砖颜色深浅隔花搭配，整个画面色彩鲜艳、喜庆。

但是真要把现在的礼堂拆掉，恢复成花厅的样子，我认为凡有理智的人都不会赞同。文物要修旧如故，遗址一样要补损还真。仅掌握复原用的真材实料就是一件艰难的事情。礼堂的地砖是正方形，整块是20乘20厘米，厚是1.6厘米，正面是白色绿角，当4只地砖拼在一起时，4个绿角合在一起便形成了一个小的正方形，非常雅致。翻看地砖背面，竟然有模刻的文字，中间是“华新”两字，外面刻一个圆圈，圈外还有一转英文“HWA SING BRICK AND TILE CO”。我竟然在资料中找到了民国时期“上海华新砖瓦花砖公司”的地址，是在“上海牛庄路六九二

地砖和柱子

墙内的城砖和碎石

原地砖反面

宣传册内图

宣传册封面

号”；公司宣传册的封面设计也是白绿相间，内页里也有与礼堂地砖相同的样品图，编号“心砖一三三号”“边砖二三二号”“角砖三四二号”以及中英文价格表和说明书。

礼堂南边横廊过道顶上的屋瓦保存较好，是民国时期的“方口瓦”，这种瓦对铺设的技术要求很高，稍有不平整或是不对线，瓦与瓦之间就不咬合。而后面舞台顶上的瓦是 1949 年后的机平瓦，在铺放上要求“宽松”一些。礼堂主体部分的顶上，即原花厅顶上和新增面积的顶上，铺

现在礼堂内景

的是铁皮，现在仍保存民国时期原状，每条铁皮宽 100 厘米左右，从最上的正脊一直披到最下面的屋檐是一整条，顶上接合部再加覆盖。铁皮有一定的厚度，要用长长的大螺钉固定在屋面板上，螺钉要尽量钉在上方，以避免雨水渗入的可能。

古建保护仍然是当务之急，复原和利用来日方长。至于舞台混淆视听的问题，可以通过宣传事实和开放参观来解决。

八字厅

八字厅：浴火而生的民国建筑

一、电线走火，内宅尽毁

1916年6月6日袁世凯死后，黎元洪出任总统；10月冯国璋被选为副总统，在南京宣布就职，仍兼江苏督军。冯国璋以原孙中山临时大总统府为其副总统府，并以国家元首的姿态公开接见中外记者，大谈治国方略。1917年4月1日，副总统府因电线橡皮老化，发生大火，从内朝房烧起，很快延至上房。当时冯国璋刚送客回到上房，正与如夫人何某“竹戏”，见火势猛烈不可救，急忙逃避出府。大火经3个多小时方才扑灭，但二堂以后内宅、上房等100多间房屋已被尽数烧毁，只有东边的参谋厅、西边的洋花厅和御书楼幸存；除冯国璋个人财产和夫人珠宝

冯国璋在府内西花厅后台阶留影

首饰损失百万元外，还将府内待发的军饷五六十万元尽数烧毁，损失惨重。如夫人何某火中下落不明，签押房文件只抢出一半，幸印信无恙保存完好。关于当时火灾情况，《民国日报》《申报》和《时报》等连续报道，节录如下：

《民国日报》：冯副总统府大火记　南京函云副总统府于昨日（一日）下午五时，忽尔失慎，火光直射空中，立时全城震动，五区警察消防队，极力飞奔直入府中，第七十五旅全部军队，禁卫、拱士、各营兵士计三千余名亦飞奔至，帮同扑救，无如天阴风猛，火势大炽，不可向近。又以取水不便，外间所来洋龙又被军警阻止，或不得入，遂无法扑灭，自五时烧至八时，除大堂、参谋厅、御书楼三处而外，其余房屋百余间，均成焦土。齐省长得信最早，火起未及一刻钟，即偕政务厅长曹豫谦乘车飞至，其后全城文武齐至，各区警察立即增设岗位多派巡逻，大行宫一带与副总统府周围，军警荷枪排列，断绝交通。全城居民大为恐慌，同时下关亦有火灾，红光相望，尤多惊惧，至火熄后，始各释然。

火起时冯方支柱其受伤未愈之臂，与如夫人何某竹戏，忽闻警报，即大惊失色，立由署中护卫拥护，出署先奔陈司令宅，复以陈宅狭隘，改驻李文忠故宅，一时全城文武皆来问安，冯惊魂未定，故来谒者，除职位较重者外，余皆一概挡驾。

此次损失即钞票一项，闻已有百余万，其损失所以如此之巨，皆缘是日适值星期，署中职员多赴秦淮河冶游，故火起时，无人抢救，直至势已燎原，兵警方来，已付一炬。据外间人云，所焚之百余万元钞票，尚不仅为冯一人所有，因冯所有私积多已运回故乡，或存在各大银行，府中现存不过三十余万，又周夫人历年私积钞票五大箱约十余万，合共五十万之谱，尚有五六十万则月底应付之军饷尚未领发，今既焚去，则冯当然赔偿，冯之倒运亦可谓达于极点矣。

军饷被焚冯固当赔偿，既衙署被焚在前清时亦例须赔修，且有应得处分。民国成立，虽无若何规定，而句容、萧县衙署被焚，均由知事赔修，副总统府非知事可比，然法律平等恐不能置诸不问也。

冯受此重大损失，其悲惨为何如，局外人固可揣测得之，然以记者所闻，则冯之悲惨尚不及周夫人之甚，缘冯历年所得黄白物，实十百倍于被焚之数，今虽减去少许，不足为意，而周夫人私蓄半为袁皇帝馈赠，半为今年做寿所得，一但为祝融氏取去，自当心痛。有见周夫人出署时状况者，谓其呆坐车中，以手掩面，其状似泣云。又周夫人有珍珠帽一顶，系界口厘局总办叶勋孝敬，为周夫人心爱之物，亦未抢出。

报道中提到的周夫人周砥，原为袁世凯家庭教师，1914 年 1 月袁世凯为了笼络冯国璋，特将周砥介绍给冯国璋为妻。袁氏父子想借此左右冯国璋，因此指挥部下将这次婚礼办得格外隆重，一时轰动了大江南北。袁氏给周砥陪送的金银首饰、珠宝玉器达 120 余担，其他妆奁五光十色，不可胜数。婚礼场面十分热闹。婚后结算，仅招待费就支出白银数万两。所以这次失火报道中，专门提及周夫人的损失情况。

总统府历史上曾有多次焚毁，但大都因为军事战争，而此次主官、家眷正在府内会客亲子，毫无预兆地突发大火，焚毁房屋 100 多间，是绝无仅有的，以至府内建筑面貌与前大不相同，为我们今天考察、研究府内晚清、民国建筑，增加了额外的因素。

二、因非旧基，前后逼仄

从二堂往后是一座西洋式民国建筑，中间抱厦拱券门，因其门水泥护栏向外呈“八”字形，俗称“八字厅”。八字厅阔面约 30 米，进深连前廊约 13 米；虽只有一层空间，底下却有 1 米左右的架空基层；顶上红瓦大屋顶，两边山墙为硬山式，饰有柱式；前面廊檐宽大，通向东西两边，与中间抱厦合在一起共有七开间，有边门和台阶往下与更道相接，走廊饰以西式拱券门和半高木球柱式栏杆；中间通道穿屋而过，通向后面的麒麟门；通道和走廊地上都铺着进口地砖，有红、蓝、白三色图案。中间通道东边空间隔成一大一小两部分，通道西边为一大间，室内铺地板，门窗高大明亮；整个建筑外墙涂成黄色，正面饰以卷草图案和白色回形线条。八字厅后面便是黄墙和麒麟门，是为内外宅的分界线。

八字厅本身气度不凡，但是周围环境却是非常逼仄：距离后面高大的黄墙和麒麟门只有 4 米，两边是宽 2 米的更道；前面距离二堂只有 15 米，不但两边建有厢房，中间还建有一架“十”字廊，几乎再没有空间。这样的布局和位置，是不合常理的。

中国传统府署建筑布局，从前往后依次是照壁、大门、仪门、科房、大堂、厢房、穿堂、二堂、内宅门、厢房、三堂和上房等。副总统府失火之后，二堂之后、内宅门以内全部化为灰烬，冯国璋重建房屋基本是在原来的屋基上、按以前布局而成。

按照规制，三堂应在内宅门内，即现在政务局楼的位置，往后应该是上房等建筑。但八字厅的建筑位置却让人心存疑惑：八字厅紧接二堂之后，貌似三堂（官邸），如果是在原有三堂旧基上重建，便是将三堂置于内宅门之外，从道理上说不通。如果八字厅不是三堂，地下也没有旧基，那么原先这里是什么状况呢？

设想把八字厅、十字廊和两边的西式厢房都去掉，因为内宅门和黄墙前面是不得有建筑遮挡的，以防有所藏匿，于是二堂之后只是一座高大的黄墙和墙正中的内宅门。这样的空间布局既舒适合理也符合规制。

参考直隶总督署建筑：三堂是总督的书房和签押房。三堂及上房为督署的内宅，为掩人耳目，前有花墙与二堂相隔，两侧各有一门沟通东西更道，仅靠中间带顶的直廊和内宅门相连，成为入内宅的必由之路。可见二堂和三堂之间除了花墙隔开外，再没有其他任何建筑。

不只是想象和参考，实地考察也有相关证明：在八字厅前左边西式厢房后面，有一门通向东花园，门上砖雕“旭爽”二字；如此，与之对称的西厢房后面，也应有门，但今已不存，应是改造礼堂时改变。从建筑常识来说，有门的地方不会再有房屋挡在面前，除非是后来新盖的房屋。

八字厅西厢房与前廊顶交

那么二堂和黄墙之间没有建筑，是否会有空白之嫌呢？不会的，因为内宅门一般都是垂花门，繁复的垂花结构向外突出，不但没有空白，反而疏密有致、极富美感。

由此可见，八字厅建筑是副总统府失火后，恢复重建时新盖的一处房屋，既不在晚清房屋旧基上，也不在衙署规制中，以至四周建筑堵塞、空间狭小；形容为“浴火而生”，而不用“重生”或“再生”，便是出于这个考虑。

在这个位置增盖一座房屋，自然有它的道理。从晚清进入民国后，原先的私人官邸成为中央机构，性质发生重大变化，往来会客不只是幕僚私交，更多的是政要官员，原先出入狭窄通道、再进入到后面的三堂，已不能满足新式公务的需要，杂于家属女眷也不方便，于是把办公平台前移。后来，蒋介石经常在此办公、会客及与各国使节合影也印证了八字厅的实用性。

三、方柱重廊，起高收敞

尽管八字厅不是“祖制”，却是总统府里一幢极有意义的建筑。它

中西对接的墙面

既是中轴线上西式建筑的开端，也是从晚清进入民国后，政治制度发生变化，府内公务程式改变的标志。这为“浴火而生”增加了另一层含义。

直到今天总统府里，仍以八字厅为界，往前二堂、穿堂、厢房、大堂、科房都是典型的传统建筑；而进入八字厅后，便是完全的西式风格建筑，往后是西式厢房、政务局楼、子超楼等。

中西文化各有体系和内涵，建筑尤其如是；中西融会谈何容易，能够对接已经是很不容易了。两种文化对接需要自我收敛、接纳对方；过分张扬个性，只能导致自说自话、无可对接。在中西建筑对接之初，最佳态度便是简约，所以民国建筑大都是简约、明快、实用。

八字厅与二堂的对接处，是二堂背墙后的一道走廊，廊宽2米左右，走廊里一面是白墙，一面是拱券门的内面，亦是白色；圆形门洞和简单的线饰，既可看成是西方的语汇，也可以当作是东方的元素；既可看作是对接，也可看成是缓冲，表面的“轻描淡写”“不动声色”，其实是“翻江倒海”“天旋地转”后的平衡。

从大堂到二堂，走廊两边各有21根圆形廊柱，而到了八字厅，往后到政务局楼，两边各有方形廊柱11根。有人认为这是中国传统的“外圆内方”哲学，其实柱式是跟着建筑主体风格走的。圆柱比方柱应力强，视情择用；做工讲究的方柱会在四个角上做出“倒角”，因为像两个梅花瓣对在一起，又称“梅花倒角”。八字厅往后的方柱都是做成倒角式的，显得细致、文雅，有民国时代气息。

有一个有趣的情况：在八字厅西边山墙顶上靠近主脊偏前和前后檐

维修时山墙柱饰和红布

口的位置上，各有一条方形柱饰，一共有三条柱饰，都沿山墙外立面从上往下垂直到地面。可是东边山墙除了同样也有三条饰柱外，在主脊往后一点的位置上，却多了一条方柱，高度与前柱同，四条柱身从上往下垂直下到地面，造成了两面山墙柱式的不对称。只有转到东边狭窄更道里才看清，原来是东墙外加了一小间屋子，占了宽 2 米的更道一大半以上的宽度，辟为八字厅内的洗手间，而多加的一条柱饰，其实是洗手间的通风道。根据小房间地面铺设的马赛克等材料与行政院南楼中使用的相同来判断，小房间应是 20 世纪 30 年代国民政府时期增建的。

更有意思的是，虽然西边山墙外没有增加小房间，有时一晃眼，顶上也多出一条柱饰，三个变成了四个。当你转到西边更道时才看清，隔着窄窄的更道与八字厅相邻的四小院第一院的平房的主脊上（国民政府典礼局办公处），也有一条柱饰。由于两座房子靠得近，位置又差不多，不注意便会把西小院顶上的柱饰当作八字厅的柱饰了，因而形成借景。

从大堂往后到穿堂，再从穿堂到二堂，都有走廊连接，且廊上有顶盖，所以从二堂往后到八字厅有走廊连接，并不奇怪。奇怪的是在八字厅前面，紧贴八字厅又有一条横廊，与中轴线带顶走廊形成“十”字，加上二堂背墙后面的横廊，和八字厅自身前廊，在区区 15 米之内，便有了三条在走向和长度上相同的横廊，大有“重廊”之嫌！

1949 年后八字厅作为省级机关办公用房，前廊檐用玻璃窗封闭起来，以增加面积作为办公室。后来看到 1932 年李顿调查团在府内八字厅前的照片，上面两边廊檐也是封闭起的，方才知道，封闭八字厅廊檐，并非

八字厅前廊

1949 年后所为，民国早期的建筑，到了后期机构增加，因空间不够用是有所改变的。

但是，李顿照片上并没有八字厅前的“横廊”。现存的“横廊”从两边对接更道和西小院门来看，应是八字厅前西厢房后更道封闭后，新建的一条横廊。

经过测量八字厅的基层高度前面是 100 厘米，后面却是 80 厘米。显然是地坪不水平，这是符合实际的，因为从大门、大堂往后，中轴线部分地势越来越高，要想八字厅室内地板水平，必须通过架高基层和将地坪找平的办法。

1392 年李顿在府内八字厅前行走

进入民国时期后，为了方便汽车出入，将从大门、大堂、穿堂到二堂的地面和台阶全都填平，虽然地势渐高，却是缓坡。但到了八字厅，陡然路面升高，需登上 5 个台阶穿

八字厅开始起高收敞

过八字厅方能继续向后行走；同时路面宽度收紧，很明显进入大门后东西朝房之间的广场宽约40米，进入大堂宽约30米，往后中间走廊宽5米多，进入八字厅后，环境成包围之势，走廊路面收紧为2米左右，形成一个前大后小的喇叭形。清晨站在八字厅，可以清楚地听见大门处有人说话的声音，感觉非常奇妙。所谓方柱重廊、起高收敞，全都交集在八字厅这一个区域。

1948年5月20日蒋介石、李宗仁当选正、副总统后，正是在此处八字厅东间休息、交谈。我们按照历史照片，用蜡像复原了当时的场景。

1948年5月20日正、副总统在八字厅座谈

2015年8月八字厅东边山梁受潮朽坏，进行换梁维修。上大梁那天，工人们特意在房梁上挂了一条长长的红绸布，保持着传统的工匠精神。

政务局楼南正面

见龙在田：政务局楼的《易经》喻像

一、“冯建”或“孙建”之考证

在总统府遗址的中心区域，二堂之后、子超楼正前，有一片西式建筑，包括八字厅和八字厅前东西厢房、麒麟门和隔墙，政务局楼（国民政府时期的称谓）和楼前东西厢房等，占地纵深 81 米、宽 30 米（与前面大堂、后面子超楼同宽），在以传统古建为主调的总统府内显得尤为突出。

但是，关于这一片西式建筑的来历，一直以来，众说纷纭，莫衷一是。一说 1917 年 4 月失火后冯国璋所建；二说 1925 年 11 月孙传芳在南京任浙、闽、苏、皖、赣五省联军总司令时改建；三说前面八字厅为冯国璋火后建造，后面政务局楼是孙传芳开府所建；四说是 1935 年国民政府改造后的建筑。

1917 年 4 月 1 日冯国璋副总统府发生大火，将二堂之后的建筑几乎全部烧为灰烬。火后第三天 4 日，冯国璋即从李相府搬回府内，暂住在西花厅，并着手组织复建被毁房屋。冯国璋因府内失火而重建，符合情理。孙传芳开府金陵，似有新建房屋的可能，近来也有文章写到孙传芳曾在府内建房，应该不是空穴来风。但皆是相互转引，缺乏证据。至于后来国民政府改造，是因为此处建筑中间的过道上现存“民国二十四年” “建康营造厂制”等刻写字样，我们对此所要做的是将前后完工的建筑做出考证和界定。

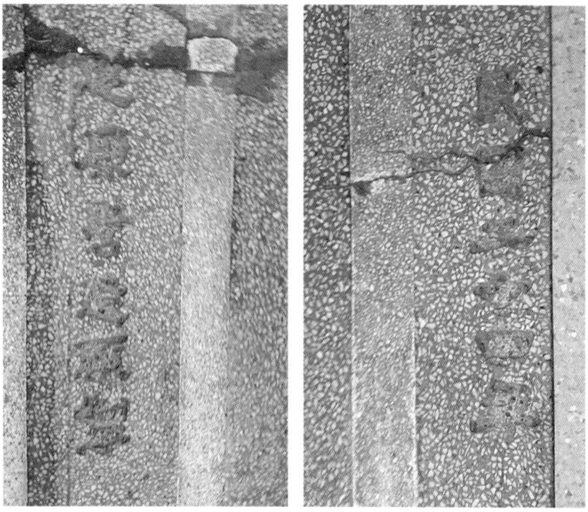

政务局前通道地上刻写的“民国二十四年”“建康营造厂制”

关于烧毁房屋情况，《民国日报》《申报》和《时报》等多家报纸，都有记载，唯不相同的是烧毁的房屋数量，有说 “除大堂、参谋厅、御书楼三处而外，其余房屋百余间均为焦土”，有说“焚去东西花厅上房一百四十余幢”，有说“延烧内宅各房间及签押房、办公室共计六十余间”，有说“上房全部烧尽，所余者东之参谋厅、西之洋花厅及大堂花园而已”，有说“府内之上房及西边大厅、戏台，俱遭焚毁” 。

其中《民国日报》载：“大约被焚之上房、密电处、办公厅、签押房重新建造，非数月后不能竣工。又闻冯副总统昨日已通电大总统、段总理，暨各省督军省长，报告府中因电线走火，焚烧上房、签押房、办公厅、密电处，一俟将西花园修理工竣即迁回府照常办公云云。”文中所述重新建造的“上房”，对应了后来的“政务局楼”；“签押房”对应了政务局楼前两边的“配房”；“办公厅”对应了“八字厅”；“密电处”对应了八字厅前两边的“配房”，为我们今天研究这片西式建筑提供了具有针对性的信息。

尤其引人注意的是，民国报纸密密麻麻的竖版文字中，零散地藏着几行字：“冯副座派员赴沪召雇良匠，估计工程，赶紧建造副总统府。闻周夫人主张一律改筑洋式房屋”“闻副总统府建筑工程五月底即可告竣”“冯副座决即将府中被焚之屋宇估工建筑，闻需款约在四万元”。

寥寥数语，说明了府中此片建筑是冯国璋所建无疑，而选择西式风格是冯国璋夫人周砥的主意；工人是专门从上海请来的，时间和经费也都有估算。

但是，《民国日报》1917 年 7 月 3 日一则消息：“副总统府现正建筑，今因（张勋）复辟，证实旋令停工。”再次挑起一个新的悬念：是冯国璋建好了这片西式建筑后，原先还有更多的建筑计划，却在此时“停工”，还是这片建筑本身尚未完成，半道上“停工”，而没完成的部分另有后来者“补充”完成？

纵观 1912 年孙中山开创民国，至 1927 年蒋介石成立国民政府，15 年的时间里，这里先后为临时大总统府、江苏讨袁军总司令部、北洋政府江苏都督府、江苏督军署、江苏督办公署、副总统府、宣抚使署、五省联军总司令部、直鲁联军联合办事处等，依次主官是孙中山、黄兴、张勋、程德全、冯国璋、李纯、齐燮元、孙传芳、张宗昌等人。

冯国璋 1913 年任江苏都督，1916 年 11 月在南京宣布就职副总统。1917 年 4 月府内遭火，时在任上面对废墟，职责所在，不得不着手火后重建。谁知时局变化莫测，至 7 月便代理大总统，离开南京北上任职。从当时的境况和时间来看，冯国璋以恢复被火建筑为主，一般不会在府内作进一步的新造。而从建成的建筑面积和所需工期来看，也与 5 月至 7 月大致相当。

而冯国璋之后，李纯自杀于署内，齐燮元忙于齐卢之战，张宗昌只作办事处，或是主政时间较短，或是时机不宜，或是地位偏低，都不具备建造此西式洋房的条件。那么，真的会是在冯国璋离开八年之后，1925 年 11 月孙传芳在此任五省联军总司令时有所续造吗？

麒麟门正面

孙传芳是后期主官中比较强势的，据1925年10月至1926年12月孙传芳主政东南五省期间的多家报纸，特别是在孙传芳管辖范围内的《民国日报》《申报》，当时孙传芳是东南地区炙手可热的人物，有关他的动向、行踪和活动过程，几乎天天都有报道，但却偏偏看不到有关孙传芳在署中建筑的消息。

《民国日报》甚至详细记载了孙传芳属下安徽督军陈调元在蚌埠"赶筑军署"的情况："……建筑总司令一署似轻而易举，故日来陈氏已命工程师、堪舆家，驰往南山各营垒一带，探适中之地，规划建筑，并委蒋某前往六安山里，就近采办竹木，行见大兴土木，当在转瞬间矣！"陈调元只是五省联军中的一个分司令，他建军署都引起了《民国日报》专门报道，作为五省联军总司令的孙传芳，如果建造军署，报道当不会遗漏，而事实是《民国日报》上只字不见。这是否可以反证，孙传芳并没有在署内建筑西式洋房？

可以为孙传芳在署中建筑西式洋房找到三个理由：一是开府金陵，自立门户。孙传芳自立五省联军司令，并非旧制，史称"开府金陵"，凡有新的组织机构成立，盖房建屋，仪式奠基，几成传统做法。二是威挟东南，财政富裕。江浙沪向为鱼米之乡，孙传芳大权在握，财政军饷尚可满足，若在署内建房，经费不是问题。三是西式建筑，前后有别。这片西式洋房，虽然总体风格一致，但仔细察看，前后两部分在具体式样、文饰上还是有许多不同，或是冯国璋建了前半部、孙传芳建了后半部，冯国璋、孙传芳各建其半？

政务局楼顶上阁楼

也可以罗列出孙传芳未在署内建筑西式洋房的理由：一是五省联总，只是暂且。正在风头上的孙传芳有更大野心；当时传言，五省联军攻下南京后，将“请吴佩孚领袖，来宁主持，唐绍仪将被举为总理”，甚至从军事考虑要将“江苏首都”建在徐州。事实上孙传芳1925年10月第一次打下南京，不及入城，便从浦口穿过、杀向徐州；而11月23日夜从徐州回来后，也只是在浦口稍停，军乐声中与江苏省长徐鼎康略作寒暄，仍宿车中。次日虽然入府稍留，随后即“过沪回杭”。其后一年时间内亦多周旋于沪杭、巡视于苏北，似乎没将南京作为久留之地。孙传芳不会在局势不明、对己无利的情况下，去建西式洋房。二是东南虽富，亦非妄取。孙传芳刚一入苏，江浙两省的名流张一麟、章炳麟、黄经霖、褚辅成、史量才等人即公开联名发表给孙传芳的请求：“请孙总司令抱定兵贵精不贵多主义，严禁所属添招军队，并统一军需支放机关，一俟时局渐平，力谋裁减，庶两者财力渐轻负担……”并要求建立“报账”“节用”制度。孙传芳表现出对江浙地方的尊重，在用人和财政上尚能听取陈陶遗、张謇等人的建议；曾有孙传芳山东家乡遇灾，孙传芳在上海自募5万元振济事，可见尚未到胡取乱用的地步。三是军人行武，争战为主。与冯国璋副总统处理内政外交，主要在府内办公，须有相应场所接待嘉宾、举行会议不同，孙传芳只是一介武夫，无论是视野高度，还是面对的各项事务，都要逊色、简单得多。作为军人，孙传芳以军事为本，加上在江苏只一年时间，外部战事几无间断，其他也就难得考虑了。

因而，在没有见到孙传芳建西式洋房的资料之前，可以认定这片洋房皆由冯国璋建造。

二、结构和布局之描述

八字厅前有与之相配套的东、西厢房，长宽分别是10米和6米。东、西厢房各有前廊，向中间两两相对。厢房前廊外侧是3堂拱券门，均为高3.1米，宽2.15米；因为厢房无架空基层，与地坪之间不存在高低落差，厢房门洞未设栏杆，可以直接从走廊拱券门跨到院内。东、西厢房的体量、拱券门数量及与八字厅的距离，从属于八字厅主体建筑，具有一定的规则和比例：八字厅是七开间，东、西厢房则是三开间；八字厅作为主体建筑，有架空基层，明显高于没有架空基层的东、西厢房；八字厅门头上的卷草纹和窗户上的线条，以及墙上留存的铸铁帘钩，都表明了主配房之间的关系，形成主从一体的建筑布局。

八字厅是“硬山式”“红瓦”大屋顶，顶上红瓦与后面的政务局楼等西式建筑用瓦一致。而八字厅前的东、西厢房，从外立面来看，与八字厅风格统一，但是其屋顶却是中式传统的“四坡顶”和“黑色小瓦”，厢房和主建的不同用瓦形成很大的反差，这应是后来维修时改变的。

老虎窗远眺

八字厅往后5米入麒麟门便是东、西厢房和政务局楼（国民政府时期的名称）。政务局楼比八字厅体量明显要大一些。其实八字厅和政务局楼的阔面是相同的，约30米，但后者的进深要多出8米，达

政务局楼东墙雪景

到21米。底下基层前高后低，分别是0.97米和0.9米，符合地势的变化。主体两层，顶上有架空式阁楼，房顶为不标准的歇山式，红瓦。两层楼前后上下均有走廊，廊外侧为拱券门装饰。每层共有9个相同的拱券门，横排在整个外侧面上。一层门洞高3.6米，宽1.78米。二层门洞的高度略低。前后上下共有36个拱券门。门洞中设有铸铁的栏杆。

政务局楼外墙为粉黄色，东西两边山墙顶上各有六座装饰柱头，均是宽0.8米，厚0.75米。中间两柱头最高，约1.7米，饰有腰线和四面菱形花案。南北两个柱头看上去最低，高1.3米，顶上四面三角形攒在一起。中间两根柱子，看上去比南北两柱高，其实自高只有0.7米，因为立脚基础比南北两柱高，所以看上去显得高一些。

政务局楼鸟瞰

12根柱饰从表面看上去没有问题，但因年代较久，风吹雨淋，将顶砖敲开，便有积水流出。2016年因维修需要，在拆除装饰柱头时，尘封了98年的整面山墙檐

收藏楼顶砖瓦文物标本

口也同时敲掉，内里砖头有大有小，有青砖也有城砖，用三七灰粘连。大部分砖块在敲打时成了碎片，令人唏嘘不已。我特意拾了两块完整的小砖，量了一下尺寸，长 23.5 厘米，宽 11.5 厘米，厚 4.5 厘米，是 1917 年时的砖，收在馆内的文物库房里。

政务楼前东、西厢房，长宽分别是 18 米和 6 米，比八字厅前的厢房要略长；四坡顶，红瓦。各自前廊外侧有 5 堂拱券门，与政务局主体建筑每层 9 堂拱券门形成呼应，以合“九五至尊”之数。厢房 5 个门洞高 3.5 米，宽 2.2 米；除中间门洞作为进出通道外，两边 4 个门洞均设有木制瓶形栏杆。厢房南山墙与麒麟门两边的隔墙连为一体，北山墙与政务局楼主体建筑之间，有 5 米距离的跨院。

政务局楼和八字厅等，在单体上是典型的西式风格，可以归之于折中主义建筑，是 19 世纪上半叶至 20 世纪初，在欧美一些国家流行的一种建筑风格。建筑师任意模仿历史上各种建筑风格，或自由组合各种建筑形式，他们不讲求固定的法式，只讲求比例均衡，注重纯形式美。但政务局楼和八字厅仍表现为中式建筑的布局，这是因为在府署建筑的基础上，依中轴线向纵深推进，中间主建、左右辅建的状况难以改变。

既然建造西式洋房是冯国璋夫人周砥的主意，我们不妨搜寻一下她的思想基础和建筑上的女性意味。周砥字道如，江苏宜兴人，取名《诗经·小雅》里的“周道如砥，其直如矢”。其父周家楣曾任顺天府尹兼总理各国事务大臣。周砥幼年时随父宦游北京。1906 年天津女师范学堂首届招生，周砥成绩优等成为女师学生。毕业后，先后在北京、天津做小学教员。遇袁世凯想在天津聘请一位家庭教师，便由吕碧城推荐进入袁府。

之后，袁世凯赴北京任军机大臣、后罢官被黜回河南当“隐士”，周砥一直跟随其后。在河南时，袁三夫人和 39 岁的周砥说及婚嫁之事，周砥说：“吾终身事，非执掌大权之高等军官不嫁。” 袁世凯就有意将周砥介绍给原配去世的冯国璋。民国三年（1914 年）1 月 18 日，周砥与冯国璋在南京进行了一场盛大的中西合璧式的婚礼。据冯家四公子印象，这位继母好交际、好应酬、好讲排场，“很讲究穿戴修饰，她不仅自己这样做，还教导着我们家里人也跟着这样做，使得大家也讲究起穿戴来”。

周砥出身官宦家庭，在天津接受新式教育，平时目睹万国建筑、出入各式洋房，眼界宽阔，思想解放，易于接受新鲜事物；达官贵人的生活方式是她的人生目标，“教导家人跟着做”是其主导性格的一贯表现，因而在重建副总统府时，她提出建造西式建筑，就一点也不奇怪了。

其实古希腊、罗马的建筑，许多元素本就源自女性，如：巴洛克柱式上的垂直线条取自女性长裙折皱，柱顶的涡旋纹饰是挽起的秀发；而八字厅墙面的嘉禾图案、政务局楼 36 堂拱券门，看上去不但非觉烦琐，反而显得别致典雅、情趣盎然；在阳光明媚、蓝天白云之下，红瓦粉墙，雕栏画柱，如同衣裳华美、大家风范的淑女，让人无限遐想 。

只可惜在 1917 年 8 月冯国璋代理大总统入京后不久，周砥就突然病故，终年 44 岁。两年后，1919 年 12 月，冯国璋也逝于北京家中，在南京新建的西式洋房并没有正式享用。

三、人文和习俗之解读

政务局楼现已布置展览对外开放。一楼为“总统府文物史料陈列”，二楼为“民国政要文物捐赠展”。 楼内上下各有“十”字走廊，将两层内部空间等分为四区八个房间。中间通道穿楼而过，通向后面子超楼；横向通道西头有楼梯上二楼，2000 年开放展览后，为了游客上下楼方便，在横向通道东头新做了一架楼梯，特此为记，以免混淆。上二楼后，在楼的东头，有一条窄梯沿墙可上顶层，有木制门栏锁住梯口，不对游客开放。

东西向二楼内景

政务局楼空间高大、气氛神秘。对游客开放前，曾为机关办公所用，走在楼板上，脚步发出咯咯的声响。原先的房间并不是现在这样等分隔开，房间大小不一。在北边靠过道的位置，有一个窄小的房间，其用途并不清楚。有些房间没有使用，到处是旧物件和灰尘，门窗紧闭，光线暗淡，也看不清里面的全貌。夏天楼内不通风，温度很高。

政务局楼前的砸坑

1917 年冯国璋建筑此楼时，还没有“政务局”一说。所谓“政务局楼”是后来国民政府时期的称谓。抗战胜利国民政府还都南京，许多政要来过这里，因为陈布雷是蒋介石侍从室的人，从重庆一同迁到南京。政务局楼初为侍从室办公处，似乎陈布雷也曾在此办公。于是我们将此处二楼一间作为陈布雷的办公室做了复原，其实没有实据。

但有些推测是可信的。在政务局楼中门过道上，有一个窝洞，像是铅球砸落在地上形成的。不注意以为是近期不小心碰损的。但细观察就会发现它是国民政府时期留下的。因为过道的表层是带铜线花纹的红蓝色水磨石面，此窝洞是在水磨石面刚做好时被砸出来的，以至表层红色水磨石面碎成数片牢牢地粘在洞的底部，一直保存至今。如果是近期砸落的，红色水磨石表面会崩裂，窝洞的底部只是黑乎乎的水泥。因为这条通道上刻有“民国二十四年”字样，可以肯定窝洞是1935年增建通道时，是在搭建走廊上面的廊顶时，不小心有重物掉落下来砸成的。

在过道廊顶与八字厅、政务局门头相交处（从二楼往下可见），结构交叠突兀、多处破损，可以看出过道和廊顶是后来增建的，以至在与原有建筑相接时，出现许多不对位问题。

在政务局楼前廊西头水磨石地面上，有一条水泥印迹，与水磨石花纹明显不同，可以认定是民国时期遗留。因为水泥印迹并没有破坏边沿相接处的水磨石花纹，相反水磨石花纹为水泥印迹留出一长条位置，水泥印迹和水磨石地面是同时做成的。这条水泥痕迹原先应是一堵隔墙的基础，把走廊西头隔出一个小间，或是执勤、守更人员之用。

政务局楼顶上悬鱼

政务局楼顶并非标准的歇山式。传统的歇山式为九脊六面，东西南北四面瓦，另有东西两面墙和窗户，称山花。政务局楼是大屋顶，比传统的屋顶少了两面，只南北两坡。东西两边是木板山花墙，墙上开有窗户，窗户离地板有2米高，窗户上挂有“悬鱼”。从楼内东边的小窄梯爬上楼顶隔层，隔墙上有电盒，打开电灯开关，可以看见隔顶内中间高两边低，呈斜坡状，内有木栈道和串起的电灯，也可听见顶上工人们干活和说话的声音，感觉隔层内是一个巨大的共鸣箱。

政务局楼顶老虎窗

隔层正中南面屋顶上开有一只“老虎窗”，窗底沿离地板有2.2米高，从老虎窗往外看，有一个全新的视野：成片的红瓦屋顶，错落而有致，舒展而悠远，如同是一位大德高僧的袈裟；前面二堂、礼堂、东边花园、西边黄楼等尽收眼前。老虎窗的尺寸：内径高1.6米，宽2.1米，正中上面还有一个尖角，角顶高0.7米。窗台宽有0.65米。在屋面上向内方形口进深2米。这是总统府内所有建筑瓦顶之上唯一向上的通道，即使从航拍照片中也可以看到它，如同总统府建筑的“肚脐眼”。

楼顶大修

爬出窗户，登上屋顶，看见红瓦上有烧制的“大庆砖瓦厂”字样。知此“大庆”并非黑龙江的大庆，而是民国时期一个名叫王春先的人，以银5万两在南京西善桥创办的京华第一机制砖瓦厂（即南京第一建筑材料厂），王春先自

政务局楼北立面

任经理，李家祥任厂长。后改名大庆砖瓦厂。可见政务局楼顶的红瓦曾有过更换，仔细看重铺的红瓦并不在一条直线上，维修工人说：每次维修时老瓦都有损坏，只好增补一些新瓦，但是新瓦和旧瓦不是同一批生产，

十字廊顶如同“田”字

不但咬合不好，铺起来还挺费事。

中国传统建筑向来讲究风水，王宫府署对风水更是重视有加。政务局楼的位置正是晚清两江总督署三堂、内宅所在，也即是习俗上说的龙穴。每当下雨时，八字厅正中抱厦上两边的落水，如同龙须向外喷出，打在地上水花四溅。

政务局楼两面两层各有“九”堂拱券门，楼前东、西厢房各有“五”堂拱券门，两者合为“九五至尊”；两面山墙柱饰虽为西式风格，却契合传统的“十二”生肖数，前后两层拱券门的“三十六”为天罡数，都是传统文化的表述。而从老虎窗往下看，政务局楼、东西厢房和八字厅围合成一个“口”字，加上口字中间的“十字廊”，形成一个“田”字；而十字走廊是府内地面最高之处，俨然是一条“龙脊”，地上的“窝洞”，乃是“点睛”之处，而“老虎窗”正是一飞冲天的出口，曰：见龙在田，利见大人！

子超楼

子超楼：跳出“旧基”“官界”的主官楼

一、典型的新民族主义建筑

1927年4月国民政府定都南京后，颁布了旨在进行近代化改造的城市规划文件《首都计划》，明确提出将“首都一地不独成为全国城市之模范，并足比伦欧美名城也”。建筑形式要“本诸欧美科学之原则”“吾国美术之优点”；宏观规划鉴于欧美，微观形式采用传统。特聘享有国际声誉的建筑师美国人墨菲、古力治为顾问，聘请曾留学美国康奈尔大学的建筑师吕彦直等相助。

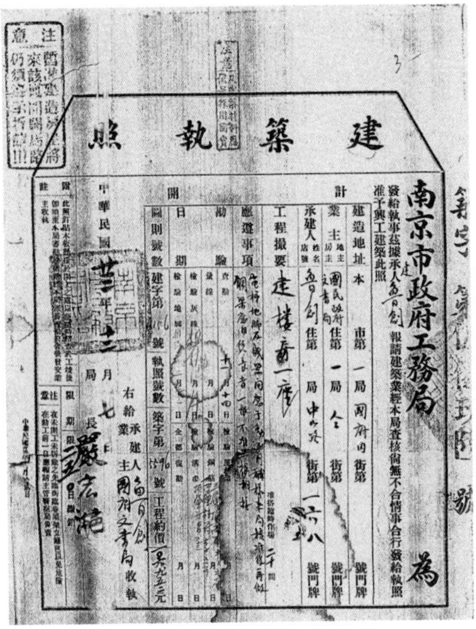

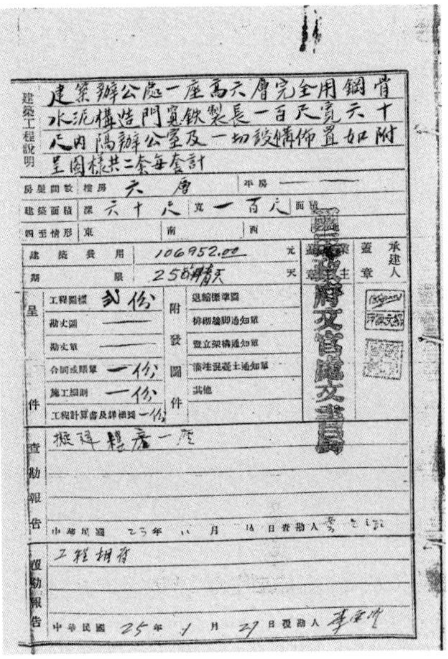

建筑执照

当时一批海外学成归来的青年建筑师，如吕彦直、杨廷宝、童寯、陈植和赵深等人，怀着对祖国的深切情感和憧憬，一展才华的光荣与梦想，在南京设计了许多优秀建筑。

1934 年 12 月 7 日，南京市政府工务局核发了建造国民政府文书局大楼的《建筑执照》。执照上写有“南京市政府工务局 为发给执事兹据承建人鲁创报请建筑，业经本局查核，尚无不合情事，合行发给执照，准予兴工建筑 此照”，建造地址栏写“本市第一局国府内”，业主栏是“国民政府文书局”，承建人鲁创公司地址是“中山路一六八号门牌”，“工程撮要 建楼房一座，准搭临时作场二十间”“应遵事项 电梯地脚机器间，应于动工前补样来局核准后再做，钢梁应为统长者一根，不准二根相接”“工程约价 106952 银圆”，等等。

1935 年 1 月 27 日，工务局进行了复堪并形成报告，全宗号 1001，目录号 3，案卷号 5833。其“建筑工程说明”一栏有毛笔写字：“建筑办公处一座，高六层，完全用钢骨水泥构造，门窗铁制，长一百尺、宽六十尺，内隔办公室及一切设备布置如附呈图样，共二套，每套计”；建筑费用是“106952”，“期限”为“250个晴天”。

文书局大楼设计者一说是虞炳烈，字伟成，江苏无锡人，中国著名的建筑师，毕业于法国里昂建筑专科学校，1930年获得“法国国授建筑师学位”。历任中央大学、中山大学建筑系教授、主任。1941年创办国际建筑师事务所，抗战时期在大后方从事“抗战建筑”设计。

文书局大楼由南京鲁创营造厂承建，1934年开工，至1935年底完工，1936年初启用。国民政府主席林森曾在此楼办公。抗战胜利后，国民政府还都南京，为了纪念在重庆逝世的林森（字子超），将文书局楼改名为“子超楼”。

当时南京出现了许多新民族主义风格的建筑。新民族主义风格建筑在造型上讲究对称简洁，一般采用现代屋架的双坡屋顶，或钢筋混凝土浇筑的平面屋顶，在入口、墙面、檐口、门窗部分，以及室内设施等方面，采用中国传统建筑装饰和图案。子超楼建筑正是出于这种理念：坐北朝南，正面主体六层，中间高、两边低，左右对称，混凝土浇筑；楼形似汉字的“凸”，又像是“森”，而楼前林森亲手栽种的两棵印度雪松，恰好又合成一个“林”字，表达了对于建筑的人文诉求及使用者的审美情趣。

整幢建筑的四个外立面，在装饰上多有不同。南立面从顶上到一楼有10条凸出的方形条饰，横向等距排列，凸条上贴有浅褐色耐火砖片。凸条与凸条之间为宽大明亮的钢窗，上下楼层钢窗之间是水泥浇出的回纹和竖线条纹的组合图案。整个立面看上去细致而典雅。北、东、西三个立面，虽然

子超楼边廊顶上

三楼南面阳台

也有凸出的方条形式，却是全用水刷石粉面，庄重沉稳。

子超楼一至四楼边长相同，都是宽 30 米、进深 19 米。四楼顶上是平台屋面，从空中看，平台是一个汉字的“凹”，“缺口”朝向楼的南面；设计师在一楼、二楼、三楼凹进去的空间，设计了敞开式门厅和露台，把凹进去的部分横向连接起来，将封闭的行政办公楼和外部空间做了交融。

四层顶上中间有一层建筑，是为第五层。此层建筑外墙线像一个平躺的“凸”字，突出的部分向南对应着四层平台“内凹”的部位。

楼顶上的“凸”字

在第五层顶上，又有一间房子，南

北走向，与第五层“凸”的中间部分相重叠，是为第六层，也是子超楼的制高点。四、五、六三层楼正面在同一立面上，其他三面，五、六两层是向内退层的。从结构上来看，子超楼由许多“凹凸”咬合在一起，称之为“凹凸楼”也不为过。

尽管子超楼采用了西式建筑中的材料和技术，摒弃了大屋顶形式，但从整体上来看，传统理念得到很好的运用，如坐落在全府的中轴线上，中间高两边低，左右对称，向来为府衙尊崇的形式和布局；而“太极鱼图”“阴阳交替”的传统人文意识，在建筑的“凹凸”形式中都得到充分体现。此外还有两边廊门大红的颜色和门上的花格装饰等，都体现了新民族主义风格。

二、经济的内部构造和功能

走进子超楼，你会觉得这是一座“经济适用楼”。国民政府时期的政务建筑大都是结构缜密、功能经济；空间“紧紧巴巴”，少有铺张豪华和所谓的“超前实施”。

最受关注的主席（总统）办公室，位于子超楼三层的东南角，一套三间，中间一间日常办公，西边一间是会谈室，东边一间是休息室，加在一起面积为 79 平方米。中间办公室南北长 8 米，东西宽 3.5 米，除有从走廊进入办公室的北门外，另有三门。东墙一门与东边的休息室连通；西墙两门，一门入西边的会客室，一门出阳台；南墙上有一扇大窗，窗下一组生铁水暖管；西墙上有壁橱，其余墙面饰木质墙裙，墙裙高 2.14 米，墙裙往上 0.76 米为交圈的挂镜线，挂镜线再往上 0.9 米为白色天花顶，四周又有装饰线条。由实木地板到天花总高 3.8 米。天花上有两座法式玻璃吊灯，两灯之间是吊扇，灯和吊扇南北一字排开。

西边的会谈室，除有门和中间的办公室相连外，也有从走廊而入的北门。因南墙向内凹 2.5 米，让出室外一条阳台，此间南北长 5.5 米，宽 4.2 米。南墙有一大一小两扇窗，大窗下有水暖管；顶上两灯，一架吊扇。

复原的蒋介石办公室

西墙为壁橱，北墙是博古架，因是背着北门的方向，从北门外看不到此博古架。林森喜欢收藏古玩，此博古架是整个总统府里唯一具有私人意味的“奢侈品”。

东边休息室与中间办公室总面积相同，但隔成南北两个部分。南边的稍大，南北长 5 米，东西宽 3.9 米。南墙一窗，东墙一窗，可以看见楼外的喷水池。有墙裙、木线条，无壁橱；顶上两灯，无吊扇。北边的稍小，南北长 2.67 米，东墙一窗，因西墙为壁橱，东西宽为 3.67 米；内设抽水马桶、洗手盆、浴盆、墙镜。顶上一灯。

虽然子超楼看上去中间高、两边低，左右对称，但其内部空间情况有所不同，在结构上并不完全对称。一层楼，从前面看是在半地下，为职员活动和贮藏物品之用。东、西两头有对称的双门可进出和上楼的楼梯；后面的北墙上，偏东位置开有一个小门，原先子超楼后还有一座平房锅炉间，供应子超楼的暖气和热水，开门以相应。

二层楼南面中间通道是子超楼的主入口，通过 10 级汉白玉台阶出入

子超楼北面小门

楼内。楼内一道横向走廊，把房间分隔成南北两个部分，南边左右房间都是一大一小，位置、空间基本相同、对称，为文书局办公室。走廊的北边，因为东北角辟有一架上下楼的电梯，占据了一定的空间，形成二层楼内走廊北边空间的变化。

三层楼是主官办公室所在。除了前面说到的东南角总统办公室外，隔着中间的穿堂，西南一大一小两个房间，为文书局长及秘书办公室。走廊北边一排房间为副总统、秘书长办公室。从西头楼梯上三楼，对着楼梯口即有进入秘书办公室的门。但从东头楼梯上三楼后，对着楼梯口的位置并没有设门，而是一整面墙，墙里是总统办公室的休息室。

子超楼四层顶上靠近东北角和西北角，各矗立有一个类似“烟囱”的东西，是一楼至四楼角区盥洗室的通风孔道。而二楼总统办公室的盥洗间离之甚远，位于楼道的中间，内有抽水马桶、浴盆和水龙头等，它的落水管设施却是在墙的夹层里面；在东墙楼下可见窨井盖。

四楼顶上东北、西北两个角上，各有一根铸铁的长杆，杆分两节，下节粗上节细，高高地伸向天空， 杆顶上有一铁球。一般以为是旗杆冠或是电讯天线。经过考察研究，在顶上铁杆对应的两边楼脚下，有钢条铁缆露出、植入地下，应是两支“避雷针”的“搭铁”。可是在旗杆顶上还有一个滑轮，证明此两铁杆，既是“避雷针”，又是升“旗杆”。顶上铁球单个直径 11.5 厘米，加底套通高 18 厘米，重 3.8 公斤。2015 年 8 月 7 日下午，因为狂风大作，西边铁杆的顶冠球突然脱落，从高空落下砸到地面上，所幸只是落在草坪中，并无人员损伤。铁球现收藏馆内库房里。

于是对东边杆顶球进行了安全检查，却是推摇不动，连得结结实实，现在仍套在东边的杆顶上。

四层楼正中为南北长方形国务会议厅，北面有两扇高大的窗户，南面有门通向露台，是全楼仅有的一处南北通透的空间，也是单间面积最大的。

因为电梯只升至四楼，加之会议厅东边设有楼梯，电梯门和楼梯基本占用了东北空间，因而会议厅东面的国务委员办公室，在走廊的南侧，面积相对小一些。

而国务会议厅的西边，因为没有电梯和向上的楼梯占用空间，此处的委员会议休息室，相对东边的委员办公室面积较大。

正中的国务会议厅和两边的办公室之间，有贯通南北的走道相隔，厅、室各有门通向走道。似乎是用走道与外立面的条饰做呼应；结构上也增加了支撑，保证了大跨度顶台的牢固。会议厅两边隔墙上也有增加的柱体。

维修中的三楼国务会议厅

五层楼即是平躺着的“凸”字部分，为电讯室。从正面楼下向上看，可见前面“凸”起的部分有三扇窗户，内里为三间房间。“凸”字后面较大的空间，分为五个部分；北向中间位置开一门，通四楼平台北边。在“凸”字的两边内折处也分别有门可通四楼平台。在“凸”字北墙上，有一架带扶手的铸铁悬梯，可以上到六层。

六层是最顶上一间，正面一窗，东西两面各三窗，为瞭望室。北面墙上有简易扶梯可上六层顶上。顶上原先还有小木屋一间，现已不存。

三、层层屏护和扇形的拱卫

总统府建筑群像是一个棋盘，星罗棋布、层层推进，而其中最重要的“棋子”便是子超楼，所有的建筑房屋，尽管位置、大小有不同，却都直接或间接地与子超楼发生着屏护和拱卫关系：子超楼如同立在“大本营”里的“军旗”！

沿中轴线，从大门往里，经东西朝房、大堂、厢房、穿堂、玻璃廊、二堂、八字厅、麒麟门、政务局楼、林森手植雪松到子超楼汉白玉台阶约 300 米。尽管距离不算短，但是清晨寂静之时，站在子超楼的门厅，侧耳细听，大门外有人说话的声音清晰入耳；一眼看去，门外经过的车辆行人，如同虫蚁爬过。同样，站在大门外往里看，也可以看到最里面的子超楼。

原先从大门向内不能一览无遗，大门内的仪门、大堂的屏风、穿堂的夜门、二堂的屏风、八字厅、麒麟门和子超楼门厅中的礼仪镜等，都起到屏障作用。“八字厅”既是总统府地理上前后分界线，也是行政上的内外有别之处。国民政府时期八字厅前面是参军处活动范围，过了八字厅便是文官处的管辖，参军处一般职员不得擅自越界。紧随“八字厅”之后是“麒麟锁匙”，只要将麒麟门关闭，子超楼便隐藏在深深的“后宫”之中，想象中的远程狙击、“一箭穿喉”是不存在的。

国民政府是文官政府，靠近子超楼的建筑多由文官序列办公使用。

子超楼前宽大的桥梯

子超楼二层西边廊

以子超楼为核心划圆，从左到右扇形分布着花房、车库、地下室、文官处宿室、政务局楼、印铸局楼、文官处图书馆楼、文官处档案室、文官处食堂等，形成一个建筑上的九连环。

可以看出地下室、车库和卫兵宿舍等形成一个安保组合，政务局和印铸局等结成一个行政链式，而花厅、食堂等提供生活服务，对子超楼形成扇形拱卫，并随时听从主官调度，发布和运作各项政令。

子超楼作为主官办公楼，是总统府建筑的中心所在，但恰恰是它的位置，从一开始就预伏了崩溃之相。2009 年在政务局楼举办“总统府文物史料展”时，我们特意将 1948 年 5 月 20 日总统、副总统就任老照片放大成真人比例，收到了很好的展示效果。照片上蒋介石、李宗仁等政要 180 余人，集体在子超楼前的汉白玉台阶上合影。1948 年 5 月 21 日《中央日报》以“总统府昨冠盖云集，文武官员集体庆贺”为题报道，并记

1948 年 5 月 20 日总统就职典礼合影

载大部分参加人员名单。可是殊不知，同治年间曾国藩重修督署时，专门做过风水堪舆，总统府从大门往后，一直到子超楼前，是一个长方形、渐渐起高的地势，这是所谓“旧基”“官界”之吉地，风水上“有山为龙，无山，高一尺也为龙”，督署的建筑也都在这个范围内。迷信不足信，但是这块地基在最后部分，形成一个 1.75 米高的垂直落差。国民政府时期机构增加，原有旧基官界已不够用，子超楼只得向外扩展，却偏偏建在这垂直落差外 2.3 米距离，以至一楼几乎挡在了地下，有封喉之感受，而进出子超楼必须要通过二楼的 10 级汉白玉台阶；因为台阶较宽，加之两边侧廊与子超楼相连处，也特意筑墙隔挡，很难看出台阶其实是一座悬空的“桥”，而子超楼如同一艘离岸的“船”，180 余人“济济”一堂、弹冠相庆，全不知是在一个下陷的“虚空”之上 。

1949 年 4 月喷水池照片，左上角为总统府民国花房一角

从花房到饭厅：扇形拱卫的建筑九连环

以子超楼为中心，扇形环绕着玻璃花房、二层车库、地下室、文官处宿舍楼、政务局楼、印铸局楼、图书馆楼、档案室平房和饭厅平房等 9 个建筑。这些建筑位置、形状、大小、材质和职能等各不相同，但都是为中心子超楼发号施令、转接传承做着最核心、最直接的工作，是国民政府的“大内”所在。

花房在子超楼左后 8 点钟方向，《民国二十五年三月二十日国民政府文官处地产登记审查用图》，此位置标为“玻璃房”一座，长方形，东西走向；而到了 1945 年《国民政府地形图》时，同一地点已标为“花房”。

花房紧靠车库，与车库并排，车库在东，花房在西。花房和车库已是国民政府院内东北方向的最后部分，后面就是围墙，围墙外面是军校操场。

中国是礼仪之邦，喜庆场合都会摆放花草，以为祝贺。1912 年南京临时政府时期，尽管是冬季，凡府内有重要活动，多用花草烘托点缀。在孙中山与秘书处人员合影、与参谋部人员合影的照片上，背景西花厅的抱厦拱券门上都饰满了绿植和花朵。

南京国民政府成立后，依然注重花草的培植和使用。在接待室、会议室和办公室里有各种花瓶插着花枝，置于案几或是壁架上。众所周知，蒋介石喜欢梅花，府内不但多有种植，甚至连建筑上也装饰梅花图案。这在老照片中有表现。

1931 年 5 月国民会议期间，班禅额尔德尼向国民政府赠送礼物，国民政府即派两名专使乘“花车”，到班禅下榻处敕封班禅为“护国宣化广慧大师”。

1948 年蒋介石当选总统后，众人从礼堂前廊走出来，有专门现场拍照，照片上可见走廊里两边，每隔几米都有一盆花放在小凳子上。

在江苏省政协文史资料中，曾有一张征集来的文史资料，手写，未刊，其中记叙：蒋介石曾从子超楼办公室出来，闲步花房，见有花匠在养护花草，便向花匠问话，无奈花匠听不懂蒋介石的宁波口音，只是呆呆地望着他，并不回话，蒋介石落了个无趣，悻悻而去。

礼堂前走廊两边摆放盆花

查阅《总统府参军长所属各单位公物附册》，不但记载了当时种花工具、插花器皿，还有当时所种花草树木的名目。在“存放地点及原属单位”一栏中，写着“乙字第十一号原属第六局府内花房”，接下来是“品名”和“数量”，其中记录了数量不等的“棕竹、茶花、金橘、大叶花、迎春花、铁树、柏树、橡皮树、夹竹桃、铁海棠、茉莉花、碧桃、草花……”现在总统府内除了没有大叶花和橡皮树两种以外，其他全都有种植。“瓷花盆、瓷花托、大土花盆、中土花盆、小土花盆、小绿瓦缸、瓦粪缸、打草机、剪草刀、剪花刀、小剪刀、铁镰刀、铁厨头、铁钉扒、铁锹、小花铲、锅桶、喷水壶、竹箩筐、竹耙子、竹扛子、木粪桶、缸……”等等工具也都是常备的。

有意思的是“附册”中记载有“葡萄架”“两个”，现在花房里也有一条宽大的水泥预制廊架，虽不是当时的遗物，却也有传承的意思。

国民政府花房现已不存，文字中的“玻璃房”，只在想象之中。一张 1949 年 4 月人民解放军占领总统府后，在子超楼东边喷水池旁拍的照片左上角上，正好露出花房一角，反映出来的却是宽大而正式的玻璃窗户，房顶上前后两坡带瓦硬山式，据说地板下还带有供暖。

现在总统府景区花房依然在原来花房的方向，只不过向后发展，面积已扩大了许多，据现场估计，现在花房比国民政府时的“玻璃房”要大好几倍，支撑花房玻璃的轻钢龙骨也是近年才有的新工艺。

总统府车库有前后两处，一处在进大门后的西院，一处在后面子超楼东边，现在两处建筑基本保存完好，只是功能已经改变。

后车库位于子超楼东边 8 点 30 分方向。在 1936 年文官处地产审查图上，已将此位置标注为“楼房”，图标为东西走向长方形，西头大东头小。在 1949 年后文管会的清册中，记录了“东园车库工友宿舍”“一幢”“十四间”“上层工友宿舍，下层汽车房”，砖混结构，朱门黄墙。这与现在保留下来的二层楼车库完全相同。一层车库共有 7 个车位，从西往东第一、第二两个门洞较高，应该停放较大的车辆，第三个门洞是楼梯口，可上二楼工友宿舍。再往东 4 个门洞要小一些，应是停放小汽车，最东边一个门洞更小，应是停放摩托车或是工具间。车库后边为国民政

车库南立面

府后围墙所在，将车库设在此处，汽车从前门驶入并不方便，紧靠车库东边的大门应是当时的汽车出入口。

在 1936 年和 1945 年的国民政府地图上，车库西头标注有“厕所”，现在厕所仍在使用，厕所两个门头上的方形通气孔仍保持着原样。

车库顶上维修

地下室表层

现在车库外立面保存完好，车库门一字排列，但因为车库废弃，近年曾经将内里改为浴室，后浴室停用，楼上楼下都作为工勤员宿舍。二楼西头因一楼两个车库门洞较高，楼上对应房间的地坪就比其他房间要高，距离顶上空间较小。因为楼房不是等边长方形，往东渐小，东头最后一个房间只有一小间，像是切下的一块小蛋糕。

车库顶上为水泥平顶，东、南、西三面外沿口，有割掉钢管栏杆的遗痕，既不像晾晒衣服之用，也不是悬挂旗帜之处，不知原先钢管是做何用途？

防空洞在子超楼东边 9 点方向，现保存完好。国民政府时期称为“地下室”。在一个长 22 米、宽 13 米的区域内，四周高墙围挡，从外测量墙高将近 5 米，墙外遍种树木，加上布局巧妙，不知情的人根本不会想到墙内还有地下室。

地下室有一西一北两个出入口，西边的门向着子超楼，开在回廊墙面上，沿东侧回廊，地下室与子超楼相距 30 米，是为入口；北边的门开在北墙上，与对面的车库只有 13 米，作为出口。地下室距子超楼和车库都很近，自然是为了躲入和逃离方便所设。

地下室分地面上和地面下两部分，从地面上看是一个钢筋混凝土整体浇铸的“工”字形建筑。“工”字上、下两横是两座平顶的房屋，一个在东边，一个在西边，平行而立，里面是地下室往下的楼梯和分隔出的设备间；“工”字中间一竖为东西走向，连接两个房屋，是加厚的穹顶，下面是地下室的主体部分。

地下室走廊

东边的房屋南北长 7.6 米、宽 3.3 米，西边的房屋南北长 7.6 米、宽 4.6 米，两屋地面上同高 3.7 米，屋顶长满杂草，非常隐蔽；两屋之间相距 8.7 米，立面外表混凝土弹涂层面极其坚固，以掌触拭，即感尖锐刺疼；从墙壁上外大内小的窗户，可测墙壁厚为 0.8 米。

东、西两边的房屋内，各有隔墙从地面到地下，将空间分为南、北两个部分。南边空间内为折返式楼梯，东屋内是 4 道折返，西屋内是 3 道折返，铁栏扶手；在向下 5 米多深处，东、西两边楼梯转为相向，经过道对接，过道长 8.5 米，宽 1.2 米，高 2.5 米，过道北边有一大一小两个房间，小房间一门，面积是纵深 4.3 米、开间 3 米，内有通风设施占用小半空间；大房间面积是纵深 4.3 米、开间 5.35 米，两角两门，是为防空洞的主室。

地下室下层通风机

隔墙北边空间，从地上到地下为饮水机、发电机和通风机等设施之用，在楼梯折返平台处有门或窗与南面楼梯相通。除了一西一北两个主出口，在两屋设施间的墙面上，还各有一门，钢板门扇沉重，四周铆钉加固，门闩、门轴粗大结实，应是卫兵调度之用。

其实此地下室并不是完全向下挖掘而成，地下部分有大半向下挖掘，少半是平地向上堆土而成。地下室与子超楼处于同一平行线上，正好在原“官界”“旧址”的最后“崖断”下，子超楼在督署的中轴上，“崖断”处落差最大，为 1.75 米，地下室偏在东侧，“崖断”落差稍小，为 1.65 米；地下室在落差下面的地面，往下和往上两个方向建造，建好以后在周围堆土至“崖断”上面与之平齐，原先“崖断”下面露在地面的 1.65 米高度的部分就变成了覆盖后的地下。所以，从外面测量围墙高近 5 米，而入墙内，要拾级而上，登上里面的地坪，从里面测量围墙高只有 3.6 米。

有传说 1932 年淞沪抗战爆发后，日军飞机经常骚扰南京，于是国民政府赶建了这座地下防空洞，每当警报声起，蒋介石等人便从子超楼办公室出来，乘楼内电梯下到负一层，然后沿着回廊，进入地下室。这个说法听上去很有现场感，似乎也合理，但其实不够准确。中华人民共和国成立初期，在文管会工作的朱明镜先生，在《我所知道的蒋介石总统府》一文中提到：“总统府有防空洞两处：一处在西花园孙中山先生住室前面，系汪伪时期所建；一处在东花园喷水池东面，是林森任内所建。”再参考 1936 年 3 月 20 日《国民政府文官处地产登记审查用图》，图上尚没有地下室，这就得到两个时间节点：一是地下室的建造时间在 1936 年 3 月 20 日之后；二是建于林森任内、1937 年 10 月从南京迁都重庆之前（后林森死于重庆），如此推算应是 1936 年 4 月至 1937 年 10 月之间的 19 个月内完成的。而此时蒋介石是国民政府军事委员会委员长，并不在府内办公，特别是 1936 年 12 月西安事变，蒋介石远在西安。

文官处宿舍楼位于子超楼东南 10 点钟方向，虽然也是四面围墙、自成一院，但与地下室不同的是，宿舍楼刚好处于“崖断”的上面，因院门在宿舍楼北面的“崖断”下面、在子超楼通往地下室走廊的南墙上，进此院门后，要往上走 9 级台阶，升 1.5 米至地坪。

从子超楼上看文官处宿舍楼

宿舍楼为两层，砖混结构，东西向外墙长 20 米，南北纵向 12 米。北立面一层偏东有一门，从院门向此入内，可以穿楼而过，至楼南面的走廊，走廊东头是盥洗间，西头是楼梯，可上二楼。因楼梯和盥洗间占用两头空间，一楼中间主体为 4 间房间，房间南北通透。二楼结构与一楼不同，西头楼梯上来后，连接中间一条走廊横贯东西，将房间分在南北两边，因而二楼房间空间比一楼房间要小。南北各有 5 间，一共 10 间。二楼南边没有走廊，房间便延伸到一楼走廊上面；从北边房间的北窗可以越过北院墙，看见子超楼二楼的东边门。二楼走廊的西头开有一窗，可以清楚地观察子超楼正面的情况。

文官处宿舍楼前院墙上原有门洞

东墙外有后建的披楼，作为工作室的延伸。

印铸局楼

西院墙即是子超楼东边廊，近年维修时在墙上发现原有的门洞。从此门洞可以进出宿舍楼院内，想必是因为在子超楼正前面、二楼主席（总统）办公室的下方，为免嘈杂影响，所以将其封闭。文官处宿舍楼和院墙现保存完好。

印铸局楼在子超楼西南2点钟方向，坐北朝南，歇山式顶；砖混结构，上下两层，阔面20米，每层5间房间；楼上下前后走廊；中间一门可穿堂12米连接前后廊，后廊东头为木楼梯，可上下二楼；西头为盥洗室。这是民国时期机关常见的建筑形式，现保存完好。

印铸局楼一楼中间穿堂

印铸局楼与子超楼东边的文官处宿舍楼在体量和位置上几乎相同，但感觉上印铸局楼要大一些，可能是文官处宿舍楼环境狭窄，不如印铸局宽松，加上有无前后走廊情况不同，造成了视觉错误。

东边文官处宿舍楼俗称“小黄楼”，西边三层楼图书馆俗称“大黄楼”，此两称谓不知起于何时。而在子超楼西边与东边小黄楼位置相对应，同样是二层和米黄色外表，同样建在“崖断”层面的上面，同样四周有院墙，比西边图书馆楼更靠近子超楼的印铸局楼，却没有被称作“小黄楼”。

究其原因有四：一是建筑时间较晚，1936 年文官处地产审查用图上，只有图书馆楼和宿舍楼，尚无印铸局楼，此处只是“天井”“平房”，也就无从称呼；二是属从有别，大、小黄楼同属文书局，印铸局虽然也在文官长管辖下，毕竟是另一个“局”；三是形制不同，印铸局初为平房，后才增建为二层的“楼”；四是地理划分，印铸局在 1945 年国民政府地形图中已有标注，与典礼局同在大礼堂后的“四小院”中，典礼局在前、印铸局在后，各占“两小院”，在建筑关系中是另一个区域。

虽然印铸局楼与文官处宿舍小黄楼是中轴线两旁对称的建筑，但在位置上，不像中轴线上其他对称建筑两两相对，而是各自坐北朝南，且印铸局位置偏前 10 米，小黄楼靠后一个楼身的距离。

印铸局楼后院中有古井一口，井深幽幽，天光可镜。院墙外即是 1.5 米的“崖断”落差，水井选位不是在落差下，而是在落差上，似乎有多付掘劳之嫌。其实这也说明了，原先两江总督署“官界”在高台之上，外面已是界外！或许为了保留水井的原因，国民政府印铸局便往前移而建了。

2000 年拆除中的档案室后的外墙

档案室在子超楼西北 3 点 30 分钟方向。青砖黑瓦结构，东西走向，长长一幢平房，除了南面中间有门，东西两面山墙

总统府档案室

上也开有门，像是一列火车的车厢；内部为南边一条长廊，房间都在北半边，房门开在内走廊上；几乎完全正对大黄楼北面，原先有白铁皮顶廊，从南面中间门延伸出来，与大黄楼北廊相连。

在1936年《国民政府文官处地产登记审查用图》上即有此建筑，标注为“平房”，至1945年《国府地形图》上，更明确标注为“文官处档案室”。现档案室建筑基本保存完好，曾有大修，体量略有加大。

国民政府设文官长、参军长和主计长职。文官长下辖文书局、政务局和印铸局，即第一、第二和第五计3个局；参军长下辖军务局、典礼局和总务局，即第三、第四和第六计3个局；主计长下辖主计、统计、岁计三个局。

改制总统府后，不设文官长，改任秘书长，特任。秘书长承总统之命，负责总统府内一切事务，并指挥监督府内所属职员。

从有关国民政府的文字史料和房产地图上所见，文官处的办公建筑更靠近子超楼，基本是在二堂以后。而参军处的办公建筑大多在二堂前面。主计处在西朝房后面。

饭厅在子超楼4点钟方向，瓦顶砖混结构，整体为“L”形状，与档案室同在国民政府地图上有所标注。“L”形中的一半为操作间，一半为

饭厅

就餐间。现在食堂开有三个门，一般人并不多想，而注意到的人又无法解释原因。及至后来在史料上看到，国民政府时期，饭厅内部是隔成三个部分的，一个大两个小，各有各的通道，三个门的状况便传承下来，这就是三门并设的原因。

在 1945 年《国府地形图》上，此处标注“文官处饭厅（已焚毁）”，现在的饭厅应该是后来总统府时期重建的。20 世纪 80 年代，废弃的饭厅里堆放了许多杂物，听老职工说，曾在“饭厅”的杂物堆里，捡到一张汤恩伯签名的委任状，当时作为政治事件，随即上交管理处，后转辗交给了中国第二历史档案馆。

在饭厅的杂物堆里捡到有汤恩伯签名的委任状，对于其来源引起各种猜测，有人认为因为饭厅和档案室紧靠在一起，故而有放错位置的可能。还有一种可能是“文革”中抄家得来的，而暂放于此的。档案室建筑东北角与饭厅建筑西南角相对在一起，在两个建筑的西北面形成一个直角形。查看了国民政府的地图便可得知，当时国民政府的后墙，在这里是一个向内的直角形，档案室和饭厅因地制宜，紧贴着围墙而建。

国民党撤退时的档案室一片混乱

主计处回字楼

主计处：先后两期完成的“回”字形建筑

一、办公基址变迁考证

主计处楼位于西朝房西边，呈“回”字形，始建于1935年，现保存完好。但是主计处机构筹建于1930年，在回字楼建成之前，便已开始工作，因而在总统府内主计处不止一处办公地点，回字楼本身也不是一次建成。

1930年12月29日国民政府在大礼堂举行“总理纪念周”，之后举行了新任主计处筹备主任陈其采的宣誓就职典礼。国民政府主席蒋介石授印，陈其采接印并举右手宣誓。国民党中央委员戴季陶监誓并训词：“主

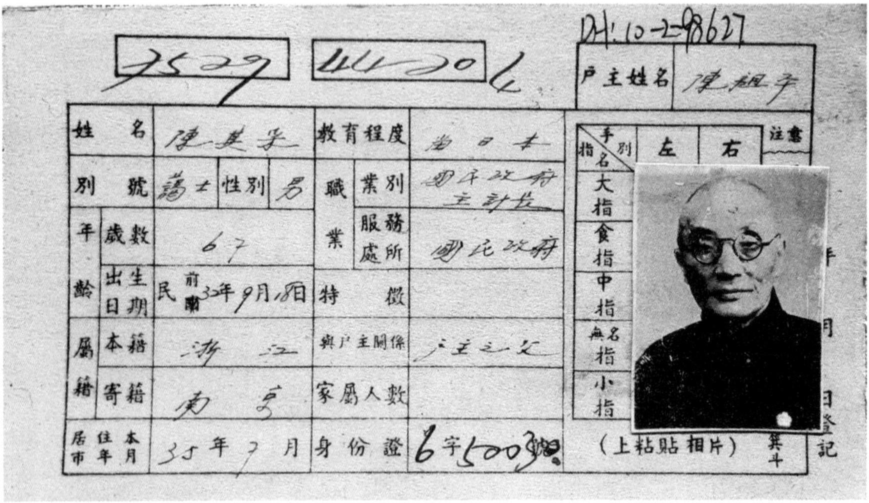
DH:10-2-98627

户主姓名	陳

姓名	陳其采	教育程度	留日本
別號	藹士　性別　男	職業　業別	國民政府主計長
年齡　歲數	67	職業　服務處所	國民政府
年齡　出生日期	民前32年9月18日	特徵	
屬籍　本籍	浙江	與户主關係	户主之父
屬籍　寄籍	南京	家屬人數	
居住本市年月	35年7月	身份證	6字5003

手別／指名	左	右
大指		
食指		
中指		
無名指		
小指		

（上粘貼相片）

主计长陈其采户籍卡

计制度在中国为新创，但其意义则自古已有。现在我们即采用古来意义，用现代的科学方法，组成此制，并请勤慎细心的陈先生，来任筹备之责，今后的财政收支，行政状况，以及社会诸般现象，均得有详确的记录，以作参考。当知国家无统计，犹如学校无图书馆，因而统计于国家建设，是很重要的，希望陈先生能在最短期间，筹备成功。”接着蒋介石训话：“预算和会计制度如没有，就不成其为现代的国家，所以我们设此机关，望陈同志本丰富的经验与学识，于短期筹设成立，以负此重大的责任。”最后陈其采致答词：“主计处之设立为全国要政，亦为此届四中全会重要决议之一，其采奉命筹备，决定出实的向前努力，以期不负中央的使命。”次日国民政府公告和《中央日报》都刊登了“国民政府主计处筹备主任就职典礼摄影”的文字和图片。

1931 年 3 月 28 日国民政府向主计处及所属各局颁发铜质大印 4 颗，即：国民政府主计处印，国民政府主计处岁计局印，国民政府主计处会计局印，国民政府主计处统计局印；又颁发国民政府主计长象牙小章一枚，各局局长铜质小章一枚。4 月 1 日主计处正式成立：上午 10 时，主计长兼岁计局局长陈其采、副局长杨汝梅，会计局局长秦汾、副局长潘序伦，统计局局长刘大钧、副局长吴大钧（正、副局长均兼任主计官），简任秘书吴锡永，以及全体职员一百余人到场。主计长陈其采报告了主计处成立经过、成立后的施政方针和统计工作的重要性，勉励全体职员勤慎从公。

仪式结束后，各局分别接受筹备处移交案卷，开始办公。下午2时陈其采主持全体正、副局长第一次会议，讨论各局科长及秘书之人选，并审查各机关预算，到下午5时才结束。根据组织法，决定岁计局科长5人、会计局科长2人、统计局科长5人及秘书3人，次日见报。于是国民政府大院内，在参军处、文官处之后又有了主计处。

主计处成立正式而高调，蒋介石亲自授印、训词，仅正副局长、科长就有近20余人，全体职员一百余人，不仅各局科需要相应的办公场所，大量的印信、案卷也要有库房妥善存放、保管。

国民政府院内与主计处有使用关系的房屋，一是东边马厩第二排和西朝房部分房间，这在1946年制《国民政府地形图》上清楚标注。但图上回字楼也已建筑完成。马厩第二排应该只是主计处职员的宿舍或是补

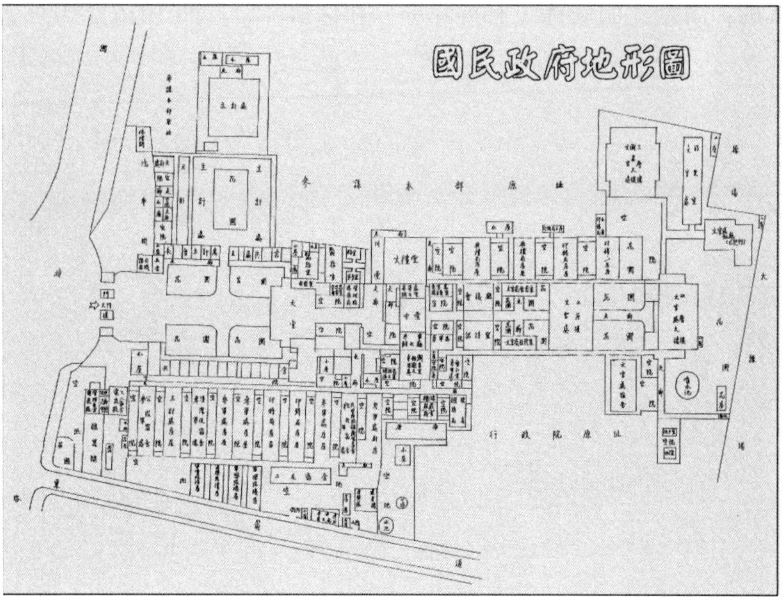

国民政府地形图

充办公处。另有资料记载，1948 年改为主计部，有法定职员 416 人，职员宿舍在碑亭巷泰山坊 6 号，三牌楼柏果园 29 号，统计局职员住林森路。

二是在中轴线政务局楼之后，原有一座旧式楼房，此楼在 1935 年建子超楼时拆除。据朱伯房《长江路 292 号的变迁》一文：“再过后花圃即子超楼。这里原是一座旧式楼房，形同文官处办公大楼，临时大总统府时代为财政部所在地……1935 年至 1936 年，又于原财政部部址，增建四层大楼……”从所处位置和“功能传承”上来看，主计处最初在“这座旧式楼房”里筹办是有可能的。

三是回字楼建造之前，原地基上有 4 大 4 小共计 8 排平房，这在 1929 年国民政府鸟瞰照片上有清楚的显示。1936 年 3 月中旬《中央日报》连续三天登载主计处工程招标广告 “本处现拟拆除南部旧屋（注：8 排平房中）一部分，改建办公楼房”，以扩大使用空间，因而证明主计处曾在平房办公。

四是 1934 年 9 月完成设计的“国民政府主计处新办公楼”工程建筑图纸，标明了在拆除 8 排平房后所建回字楼，是分为南北两部分、先后建成的。图纸上明确标注有拆除部分和保留部分。而 1936 年 1 月 21 日

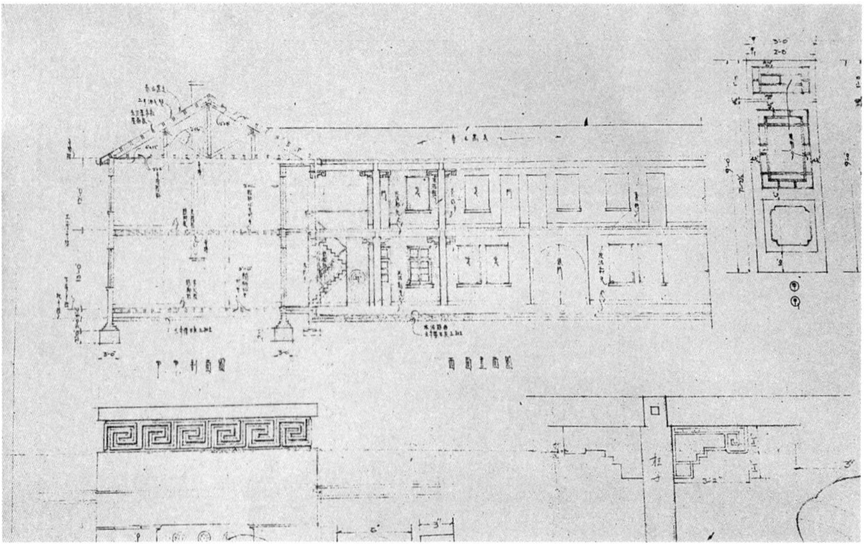

主计处楼建筑图纸

国民政府发布训令：“案据政府文官处函，以遵奉政府批示，转送主计处呈为添建办公楼房，造具建筑等费临时概算，请准于二十四年度行政院驻平政务整理委员会经费预算余额内，移用三万九千七百九十九元一案，经提出本会第五次会议议决，照准移用……”也说明主计处先期拨发的建筑经费不够用，后又移用别处款项来完成此项工程。

五是在回字楼西边、西花园池塘南面，原先还有一个四方形的大平房，1945年国民政府地形图上标注为主计处。从1929年国民政府鸟瞰照片、1935年参谋本部地产登记审查用图，甚至1952年11月测绘的该处地图上，都能清楚地看见此方形大平房。现在方形大平房已无存，只留下一片空地和后栽的树木

查阅相关资料，1949年8月24日，南京市公安局致地政局一份公函，事由是“据消防队报告，须将贵局大门砖墙打通，以利消防工作”。具体内容为：“一、据本局消防大队八月二十三日消字一〇七号报告，以所属东区白天无自来水供应，影响消防工作至巨，经查同区伪总统府西花园内有蓄水万余吨之池塘一方，但该处消防车不能驶进，须将大门砖墙打通方可出入。二、复据称该处为贵局地址，经商洽并蒙同意将大门砖墙打通以资预防……”落款处有局长周兴、副局长赵苍璧、刘秉琳三人的毛笔签名和名章。

1949年消防大队在总统府对面，若将墙面打通到西花园池塘，自是最短距离，但势必同时要将位于墙内、挡在取水路上的方形大平房拆除。从这个推理来看，大平房有可能是此次拆除的。但又有5天之后，8月29日，地政局回函公安局：“……二、查伪总统府所有房屋设备等项，奉命不得随意变动，该消防队拟打通砖墙以利消防车出入一节，无法照办，本局亦并未表示同意……”因此没有同意打通砖墙。所以在1952年的地图上还能看到方形大平房。

但是其后拆房的事情还是发生了。20世纪50年代江苏省委开始在“伪总统府”旧址上办公。有一份1952年11月给房地产管理局报抄房地产公司的函，内中就有“省委会将旧式平房五幢及披屋四幢共三十二间拆除，

另外改装了旧平房十二幢一四六间，拆除房屋材料大部分均由省委改装房屋时利用，另外，文物保管委员会在使用期间，亦将要倒的旧平房一幢十间拆除，其材料现被省委使用了……”尽管后来苏南人民行政公署函文表示，在拆除和改建时，因为对规定不了解，事先未与房地产公司联系，是工作上的疏忽，今后加以注意，但仍然拆除了西花园等处房屋数十间。主计处的方形大平房或许也是这时被拆除了。

二、结构风格细节解读

主计处回字楼的建筑费用为法币28500.50元，上下两层，至今基本保存完好，屋顶和外立面与当初几乎一样，青砖黑瓦，铁栅门窗，应是“折中主义风格”建筑。我专门测量了回字楼北面外墙，长度为48.7米；每层有窗户32个，从东、西两头向中间第7个窗户为3扇窗，其余30个窗户皆为两扇窗。也就是说两个3扇窗户之间隔着18个两扇窗，两边还各有6个两扇窗。南楼与北楼完全对称，并通过东、西侧楼连接，相互围合在一起，在内侧东北角、西南角和西北角各有楼梯，可以上下楼；两层楼各自都有走廊交圈。楼中间是长方形空地。

因为上下两层楼现均辟为“江苏禁毒展览馆”，墙面被展板遮挡，顶上也装有隔断，不但无法看见室内原先的顶面、门窗、墙裙、地板、线条和壁炉等信息，甚至连隔墙也有变动，不在原来的位置上，这使我们在解读建筑的结构和功能上遇到麻烦。

所幸找到了民国时期长城建筑事务所设计的北楼建筑图纸，对照现存外立面，得以推断出当初建筑内部的一些情况。图纸上每楼层有12个房间，每3个两开窗对应一间房间，30个两开窗便是10间房间，都标注有“办公室”字样；另有两个三开窗各自对应1间房，标注为“库房”。虽然目前还没有看到南楼的建筑图纸，但是因为南、北楼是对称而建，南、北楼建筑保存完好，可以看出南楼空间结构和房间分隔基本和北楼是一样的。

主计处的牌楼门

在南楼和北楼的走廊栏杆中，各有两座装饰性的牌门，砖混结构水泥面，从一层到二层连为一体，顶端高出檐瓦，有回纹装饰、三圈点缀，两侧有水泥制成的云撑挂落；二楼门洞为长方形，一楼门洞顶上为半圆，有向外伸出的水泥挑檐；牌门落地处设有三级台阶通向中间地面，但是一楼走廊为开放式，与中间地面落差不大，也无栏杆，所以牌门的装饰性要大于功能性。牌门内侧立面为素面。

东、西侧楼外墙长度相同，皆为 34.8 米。东侧楼紧贴西朝房，中间只留“一线天”距离；入总统府大门，从中间广场上，越过西朝房房顶，可以看见回字楼东侧楼的楼顶部分。在西朝房正中和东侧楼一层对应的位置，各开了一个大门，两门对接在一起，形成从回字楼出入中轴线的通道，门两边地面上有蓝白色水磨石组成的文字，右边地上为“长城建筑事务所设计”，左边地上为“上海顺源营造厂承建”，此门显然是在建回字楼时，为方便出入而特意开设的，应称之为“主计处门”。

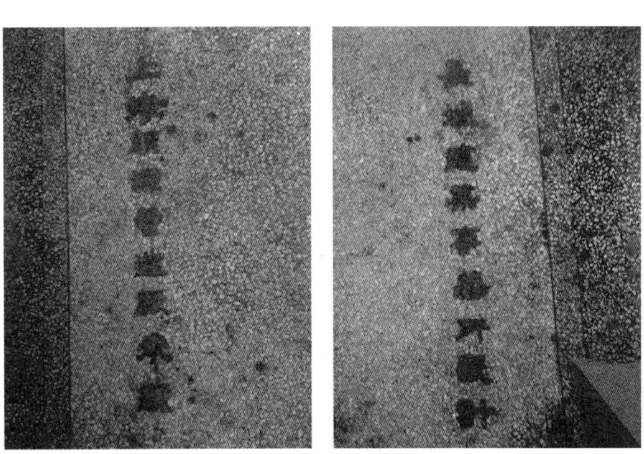

通道上的水磨石字

现在进出回字楼的红漆木质方形双门，安装在西朝房内墙面，向东开启。而回字楼圆形门洞为民国时期旧有，在回字楼门内

主计处东门

两边墙面门框上还保留着铸铁铰链，地上有插销套的痕迹，可以看出两扇铁门是安装在回字楼墙面上的，向西（内）开启。当年图纸上“铁门立面图”，虽然是双门对开，但却是方底圆顶，铸铁透花。门的下半部是整块铁板，有凸起的边框条纹和居中的勒角长方形线饰。门的上半部为隔成方形的孔格，孔格中有环抱锦云图案，门的周边还用鼓钉做了加固。这样的铁门，不只是为了视觉上的好看，更是为了坚固牢靠。整个回字楼对外的门窗都有铸铁栏栅，牢固程度几乎可与监狱相比，可见主计处在国民政府中的重要性。

我曾看过一个50年代初期“军管会”接收总统府统计室物品的清单，其中除登记一般的“单人床架子”“木公文橱”“电灯（无泡）”“木箱”外，还看到一条毛笔小楷书写的注：“乙字二七三号　已封未启，内物不祥，原系主计部借用，已由行政司法部加封”，也说明了主计处的重要。

在回字楼内的空地上，对着大门，建有一座照壁，两翼向前招拢；高3.8米，宽5.8米，厚0.5米，贴脚0.45米，额线0.45米，额顶前后两面饰回纹，正面青砖勾线，背面水泥封层，在材质和风格上与回字楼是一个整体，为民国时期原物。

东、西侧楼外墙长度相同，但内部结构、空间和功能却不相同。图纸上标明东侧楼一层从南往北依次是下房、大门、门房、下房、衣帽室（楼梯间）。与西朝房对接的大门，位置不在东侧楼的正中，而是偏南一些。二层的房间标注为下房。

西侧楼从南往北依次是西南角小门、衣帽室（楼梯间）、女厕所、

进门照壁

男厕所和西北角小门。设计师没有浪费楼梯的空间，因为楼梯是上下两段折返式，便在下层楼梯的上面增加了一个阁层，又在上层楼梯的下面围起一个小房间。因为小房间空间低矮，为了加大高度，又特意做了20厘米的下沉地面，并在墙上开了一个节省面积、直径60厘米的圆形窗户。虽然厕所已不使用，但有水管等痕迹留存。男厕比女厕空间大，男厕同

楼梯间

办公室圆角门框

时作为衣帽间；男厕窗户比女厕窗户开的位置要高，从私密性来看，似乎女厕不如男厕。看了图纸后知，男厕标有4个抽水马桶、5个小便斗、2个洗手台等，把男厕里面的墙面都占满了，窗户只得开在高处。这也是为什么西侧楼比东侧楼在顶上多出一只“烟囱”的原因：实际上多出的是厕所的换气孔道。

楼梯由三种材质组成：木制扶手、铁质架杆和水磨石台阶，台阶上配有防滑铜条。木质扶手两侧做出内槽，以符合人手把握的舒适感。铁质栏杆构成的方格形图案，与所有办公室窗户上铁栅图案和办公室门上的木线条图案，以及整个回字楼的形状，在风格上形成呼应和统一，显然是设计师有意而为。当年的铁栏杆大多保留下来，近年维修时有少量更换，区别在于原先的铁栏杆是由一颗颗铆钉连接而成，而新补充的栏杆是电焊工艺。

每个办公室的门框，通常青砖的90度直角，在这里从下到上都磨成了圆弧形，工艺细致，颇有人文气息，在民国建筑中也不多见。虽然经过维修改造，现在室内都是水泥地面，但从保留下来的基础架高层和台阶侧面的透气孔铁隔，仍然可

2012年12月5日拍摄的主计处楼顶，可见少了一只中间的主烟道，只剩8只烟道

在主计处楼顶上

以判断出当年回字楼是木地板地面。

图纸标明，楼顶上使用的是“泰山黑瓦”“二号油毛毡”和“六分厚本松屋面板”，内里为各种结构的山梁。因为回字楼不同于“一”字楼只是一排山梁，回字楼在四个转角接合部需要更加复杂的主次梁、正副梁和对角梁等组合完成。

南楼和北楼顶上，原有9只方形水泥烟囱，一字排开，对应下面室内9套壁炉。虽然从黑瓦中生出9只水泥直筒略显生硬，因为排列有序，色调清雅，并与水泥牌门形成呼应，看上去倒像是有意而为的柱饰。

近年维修时，在南楼和北楼顶上留下了错误：原先9只烟囱，现在只保留了8只烟囱，丢掉了正中间最大的一只。中间一只最大，原因是中间烟囱下面的隔墙两侧都做有壁炉，两侧的壁炉共用同一只烟囱，故而该烟囱大一些；其余8只仅一侧墙面有壁炉，故而烟囱相对小一些。这在长城建筑设计公司的图纸上有明确标识。

2015年7月，回字楼顶上因遭白蚁和潮湿侵损严重，进行梁架更换。我和工程监理潘英特意爬上楼顶察看，见内部结构纵横交错，原先方形木梁皆换成了钢铁梁架。

三、问题疑窦钩沉探究

入回字楼大门，右手青砖墙上嵌有一块汉白玉石碑，高75.5厘米，宽43.5厘米。但不知何年何月何人，将碑上的文字砸得面目全非，只留下竖式三排字痕：应该右边一排是上款，缀缀挂挂字数不详；中间一排正文可以看出是9个字位；左边一排落款5至6个字，下面还有两方印章，也被砸得一片模糊。专家学者、观众游人，对这通石碑上的文字，揣摸端详、比划猜测，甚至有人把照片发在网上，让更多的人共同来解读。

因为碑在府内，我经常去现场察看。面对三道残痕，起初也是无从下手、一筹莫展。显然当时砸碑的目的就是让人看不出碑上的内容，有意将每一个字都砸得“血肉模糊”，如果在辨认上抱残守缺，结果只会是隔靴搔痒。要想认出碑上的原文，必须另辟蹊径。首先要了解在建筑墙上立碑的一般情况，其次排出可能题写此碑的人，三是推测在什么情况下要砸毁此碑。

按照用途和内容，石碑大致分为三类：纪功碑、墓碑和建筑碑。回字楼碑从位置、材质和尺寸来看，应是一块建筑碑。民国时期建筑碑的做法比较常见，如中山陵碑亭、广州中山纪念堂墙碑等，碑文的内容相对简单，一般刻写建筑的“完成时间、名称用途、书者落款”，既是以碑记事，也是明确职责之意。回字楼是为主计处办公而建，碑文应该是这种格式。

回字楼的设计师和建筑公司是可以在建筑作品上留下记载的，但是地上蓝、白色水磨石子已经有过拼字表达，因而墙碑上不会再重复。主计处主计长陈其采，作为全处的最高领导，是可以题碑的；但当时在同一大院内办公、并任命陈其采为主计长的蒋介石，似乎更有题碑的可能。后来林森也为主计处统计局出版《中华民国统计提要》题写过封面，题字格式几乎与碑相同。即便是主计长一职，后继者也有赵堪、庞松舟等好几位，也不

作者察看残碑

能说就一定没有机缘题写。

大多数人第一感觉砸碑的人应是“文革”中的“红卫兵”，但考虑到1949年以来回字楼一直是“军管区”，通中轴线的大门也是近年重开，一般人不得入内；加上以前抗战沦陷、汪伪媚敌和还都改制，不排斥砸碑者另有其人。

落款印章是传统书法中高度艺术化的门类，即使在没有被毁坏的情况下，许多印章的内容也不易辨认。我发现一个情况，蒋介石题字落款，基本上只是一枚印章；而碑上却是一上一下两枚。蒋介石是军政首脑，姓蒋名中正，字介石，只用姓名“蒋中正印”；若是再来个闲章字“介石”，确实有点滑稽，于是可将蒋介石题碑排除在外。

重新审视印章残存的信息，果然，发现第二枚印章虽然笔画全部被毁，但却有一个明显的特征：左右结构，右边笔画繁复，左边笔画较简。林森字子超，是两个字，我赶紧查阅林森题字的资料。和蒋介石一样，作为国民政府主席，林森题字落款也只用一枚印章。并且林森印章中是林在右森在左，与碑上印章“左简右繁”恰好相反，遂将林森题碑也排除在外。

排除了蒋介石和林森，主计长陈其采题碑的可能性最大。陈其采是湖州雅士、幕僚学究，对他而言，落款一枚姓名章和一枚字号章，倒是中规中矩。可是“陈其采”是三个字，碑上印章却是两个字，难道陈其采的字是两个字？我忽然记起陈其采字“霭士”，不禁心中大喜。我找来陈其采的书法资料，仔细研究他的书法特点和风格，竟然在一幅对联上，看到了与碑上相同的两枚印章。一枚章上清清楚楚地“霭士”两字，“士”在左“霭”在右，与碑上“左简右繁”完全吻合！另一枚是逆时针排列的4个字“陈其采印”。有了原章对照，碑上混乱的笔画一下子就明确了。

确定了题碑人为陈其采，印章上方的落款便可“顺藤摸瓜”。仔细察看，隐约可见第二个字是繁写字的“计”，即是“言”加“十”，陈其采书写此字时，上面略为分开，下面靠得紧一些。第四个字“陈”，右半边繁写的“东”，下面的左右两点墨饱笔酣；而“采”字是偏方型，似可

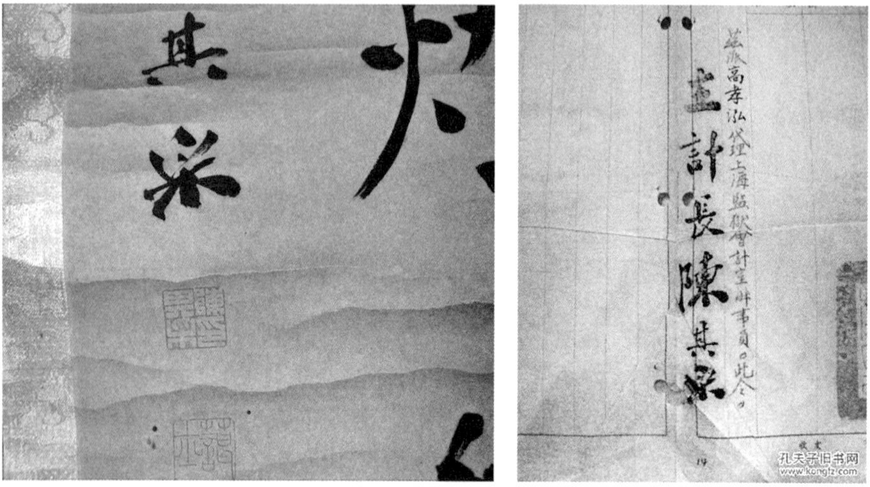

陈其采印章和落款

看出上半部的一撇三点。这六个字位是“主计长陈其采”无疑。查阅国民政府主计处文件资料，多有陈其采批阅落款，与此完全相同。此六字曾制成印模，用蓝、黑墨水，专作主计长签发之用。

碑上右边第一排文字，显然是回字楼建造或启用的时间。长城建筑设计事务所制作的“国民政府主计处新办公楼”5份图纸上，分别标有时间“民国二十三年八月三日”“八月八日”“八月十日”“九月七日”“九月八日”，即1934年8月至9月间。制图人是薛云龙。回字楼于次年1935年5月开工，12月26日竣工，几与建造子超楼同期进行。埋在地基下的石碑，上面刻写的应是开工日期；而此嵌在墙上的碑，上面应是竣工前后日期，或是“中华民国二十四年十月”。碑中正文一行9个字，第三个字右半边上部似是一个反“文”傍，借此可推出是个“政”字，连同前两字和后一字，应是“国民政府”；接下来三字应是“主计处”，“主”字看不出，“计”字与落款处同，“处”字虽然被毁，却因是繁写字，“虎头”外形可辨；但最后两字辨认却很费一番功夫，因为末尾一字看上去像是“局”字，很容易让人联想到主计处统计局、会计局和岁计局，但却字数不符。在设想了无数种可能都不成立后，再次用电脑放大图像观察，终于认出是“基石”二字。至此确定正文为“国民政府主计处基石”。

有一个细节，在碑的右边沿处，有半个一元硬币大小的缺损，工整而又平滑，与人为破坏完全不同。察看环境，应是当年铁门门闩碰撞所至。现在大门是安装在西朝房内，向外开启。而主计处时，大门是铁门，安装在回字楼墙面，向里开启。今铁门虽已不存，但墙上生铁铰链尚在，图纸中也有明确标注。我量了一下门洞，宽 2.7 米；两扇门从轴到边框，各自应是 1.35 米。而墙碑离门轴 1.4 米，门和碑距离 5 厘米，门开启后靠在墙上并不遮挡墙碑，这一定是工匠有心而为，因为空间有限，再往前移，墙成弧面转角，无法安装石碑。但没想到的是，铁门上的门闩会突出来一点，开门靠墙后正好抵在这个点上。

主计处墙碑

主计处二楼走廊

回字楼每层计有 10 间办公室，另有两间库房，其中哪一间是主计长办公室呢？二楼南向应是首选，可以确定在北楼二层。北楼和南楼一样，房间是从中间向两边对称展

对头柱

开的结构。楼正中是一道墙，墙的左右各为一间单间，虽然位置居中，但作为主计长办公室面积不够。两边各有四个房间，有内门两两相通，形成两个套间；两个套间之间是较小面积的库房，库房又隔成南北两个半间，两个半间各自有门与左右两个套间相通。子超楼主官办公室是在东南角， 回字楼北楼的东南角被东侧楼遮挡，面积虽够大，但位置不够好。如此，只有往楼中心部位的套间选择，因为两边对称，各有一个靠近中心的套间，但西侧楼有厕所，主计长办公室应是在相对清静的东边套间。

回字楼中间地面有一条过道，连接南、北楼一层走廊。让人奇怪的是这条过道的两头，不是导入走廊，而是对接南、北楼中心廊柱。设计师不会对“拦头柱”视而不见，这其中一定另有原因。民国时期设计师往往通过建筑作品表达内心的认识，抒发人文情怀。当从建筑角度无法解释时，文化元素就大放异彩。考虑到中间道路、中间廊柱、中间隔墙和中间顶上较大烟囱，以及两边对称的牌门、库房、办公室和顶上刻度般的烟囱等，显然设计师始终在围绕一个理念：将南、北楼设计成象征中心支点、两面对称的衡器，从而体现主计处的功能和性质。

还有一个奇怪的情况，在北楼一楼的办公室内有一口水井。现在此井完好，上有井栏下有井水。有一个传说，太平天国时期，此处在天王府内，有五色井一口，若遇井水泼湿井栏，井栏石便成五色。有一个记载，回字楼建造之前，这里是八排平房，井的位置表明了楼中此处原是两排平房之间的空地。还有人说回字楼看上去就像是一幅太极鱼图，南楼和北楼是两仪，4 个牌门为四象，楼面被四象等分为八个部分为八卦，

室内井

而此室内的水井，就像是太极图上的鱼睛。

南角门

回字楼在安全上有一个“软肋”。除了东边的大门和西边的两扇小门为通常出入之口，并都有铁栅栏保护外，在南楼外墙东南角，还有一扇较为隐秘的小门，木制，无铁栏，少有人知。考虑到近门就是“下房”，楼外曾是车库、煤堆，或许此门是工勤人员通道。

有意思的是现在回字楼辟为“江苏禁毒展览馆”，而当年它的主官陈其采不嗜烟酒，还专门写过致吸毒者的劝世箴言，致力宣传吸食鸦片浪费钱财、伤害身体，有百害而无一利。

西花厅

西花厅：一座充满民国风格的晚清建筑

一、从“宝华庵”到“总统办”

1908 年 3 月 18 日张謇至江宁两江总督署，见有西式洋房一座，遂记于日记中：“宝华庵者陶帅得世间最有名之华山碑三本，聚于一室故名。而屋则新建之欧式也。陶帅邀晚膳。” 陶帅即端方，时任两江总督。宝华庵即西花厅，位于西花园的西岸。

端方（1861—1911），字午桥，号陶斋，满洲正白旗人。1898 年 3 月，在翁同龢与刚毅的保荐下，被光绪帝召见。戊戌变法中，清廷下诏筹办农工商总局，端方被任命为督办。戊戌变法失败，端方被革职。

1904年，端方代两江总督，次年端方和载泽、戴鸿慈、徐世昌和绍英等五大臣出使西方考察宪政，几经周折，从秦皇岛乘“海圻号”军舰赴上海，于12月19日下午转乘美国邮轮赴日本。端方一行历访日本、美国、英国、法国、德国、丹麦、瑞典、挪威、奥地利、俄国，直至次年8月方才回国。

出国考察让端方眼界、心智大开。回国之后，端方即任两江总督，总结考察成果，上《请定国是以安大计折》，力主以日本明治维新为学习蓝本，尽速制定宪法。其所编《欧美政治要义》，亦为中国立宪运动的重要著作。端方平时醉心于古玩收藏，且收藏颇富，藏书印有“乐道主人真赏”“端方藏记”等。在出洋考察期间，他还收集了古埃及文物，是近代中国收藏外国文物第一人。

端方考察回国后，任两江总督，主持建造“宝华庵”。宝华庵建成至今已100多年，是为藏而建，还是因用取名，不得而知。但对西方文化感触良深、大为赞赏的端方，敢于在传统建筑至上的两江总督署里，建造第一座西式洋房，并且宾客“燕集无虚日”，是要有一定的胆识和情怀的。

张謇是江苏著名立宪派，得端方提携，两人过从甚密，“而屋则新建之欧式也”，是张謇亲眼所见，为建筑式样和建造时间都提供了可靠信息。因言三本华山碑聚于一室，据此推测，当时内部空间分隔状况至今并无变化。宝华庵从正中抱厦拾级而上，入中间穿堂，东面共有三间，东头第一间是卫兵室，中间第二间是密藏室，紧靠穿堂的是致友小聚之室；中间穿堂向西，是整个一大间，可容较多人雅集，将书画长卷展开观赏。“陶帅邀晚膳”等句说明，1908年3月18日该处房屋已经建好使用，而传言洋房为端方始建，并没完成，直到1909年5月张人骏继任两江总督后才建成，显然是个讹传。

1912年1月1日晚，孙中山由上海来南京，入两江总督署宣誓就任临时大总统，以宝华庵为办公室和居所。至4月2日辞去临时大总统职，

孙中山办公室

离开总统府，孙中山在此工作了 92 天。

南京临时大总统府成立，“宝华庵”一去不复返，退出历史舞台，就此成为“临时大总统办公室”。其空间功能为：东边第一间前半间为总统居住室，后半间为传令官室；中间一间为大总统办公室；靠近穿堂一间为小会议室；穿堂西边一大间为大会议室。孙中山在这里夜以继日、日理万机，召开总长会议，接待军政要员、签署各类文件、力争外交主权、谋划经济建设、应对南北和谈及生活起居休息等等，每个空间都留下了为民主共和而奋斗的印记！

孙中山和秘书处人员在西花厅后台阶处合影

“西花厅”应是民国以后的说法。孙中山贴身传令兵金鸿声在《我在南京光复前后的经历》中写道“孙总统办公室是一座西式小洋房，里面是总统的办公室”；1917 年 4 月冯国璋在此做副总统时府内失火，《民国日报》《申报》等提及“西之洋花厅”“西式洋房”“西边的洋花厅”等名称，而孙传芳做五省联军总司令时，也时常在“西花厅”宴客，现在俗称为“西花厅”，除了其位置在西边外，也因与督署原有中式花厅相较，呈现出明显的西式风格，故名。

二、奇葩异放的“建筑立宪”

西花厅是西式洋房，但认真起来，却又很难将其归属于某个学术概念的建筑类别，它既不是新古典主义风格，也不是折中主义风格，更不是新民族主义风格，而是晚清社会大变革中，一种特有的心态呈现。

顶上传统小瓦、正面以抱厦为中心两边对称，仍是传统的大一统意识，似以保持君权；外立面西式风格、浅黄色调是不满足现状、要求变化的表现。这与“立宪派”的政治诉求和终极目标完全吻合。

西花厅阔面约 40 米，进深 12 米；架空基层前面高为 1.3 米，后面

“山”字形的抱厦顶

西花厅西北角

高为0.9米，说明地坪前低后高，要通过调节基层高度来找平室内地面。前面中间抱厦面积3.4米乘3.4米，形成一个正方形的区域，内顶穹形，外顶上“山”字形门头和三只球饰，脚下9级花岗岩石台阶。正面和东、西两面外沿有走廊连通，廊宽2.7米。正面走廊上东、西两边各有6个拱券门式栏杆，有卷纹铁栅连接，东、西两头各有2个拱券门较宽，内径2.45米，而靠近中间的8个拱券门较窄，内径1.45米，形成外大内小、等距变化的对称；东、西两边走廊各有三小一大4个拱券门栏杆，大一点的拱券栏杆在北面后角位置，四个角端拱券门较大，既稳住基脚，也形成向中间抱厦呼应之势；在正立面和拱券门柱上，都有卷草叶纹饰；北立面除正中有从穿堂出来的阶梯外，两角上也有接边廊门下来的石级，体现了建筑的美学特点。

在看似“平衡”“稳定”的外表下面，西花厅内部又表现出“脱离”“动态”的一面。以穿堂为中心，东、西两边总面积是同等的，东面空间等分为三间，西面空间保持一大间，这是因为不同功能的要求造成的。但是东面房间南墙上开有6扇门，每两扇门对应一间房间；而西面同等面积的南墙上却只开了5个门，这在完全对称的正立面上，是不多见的。

从正面观看，顶上有3只烟囱，其实一共是4只，最西边的一只，因为在歇山式屋顶的侧面，从正面是看不到的。这只侧面的烟囱，下面对应的是西墙上的壁炉，另一只烟囱下面对应的是穿堂的西隔墙，也就是说西边一大间里有东、西两个壁炉。东边两只烟囱，分别对应中间房间的两道隔墙，虽然位置与西边的不对称，但烟囱附墙而生是合理的。

最东边的烟囱，不但体积稍大，位置与另三只烟囱也不在一条横线上；一般烟囱都设在主脊之北，此烟囱却有向前移。入室内观察，体积稍大是因为此烟囱为第一间和第二间内两个壁炉同墙靠背共用；而最东头的房间有墙分隔成前大后小两部分，因为建筑年代久远，对于这个分隔是当初造成还是后来加隔的，一直有疑问。而此位置向前一些的烟囱和壁炉，恰好作了回答：因为有前后隔断，此烟囱不能像另三只一样，建在房间隔墙的中间，而是要向前移一点，避开中间的隔断。壁炉的位置在建筑结构上证明了隔断是当初设计就有的。

端方曾撰《陶斋吉金录》8册，收录了自三代、秦汉以下的青铜礼乐器、兵器、度量衡，及六朝以来的造像共359条，皆描绘出诸器之形，并摹其文字、记录尺寸详情等；还主持选址、审定和建造了江苏咨议局等多处西式楼房，对图案、设计和建筑工程称得上是行家；在建造宝华庵时，每一个细节都有他的理念和意图，不仅门、窗上的装饰图案，全都是金文线条，而且台阶的扶栏柱式也是方几形，体现了端方对金石书画、刻石治印的喜好。

西花厅内壁炉

“端方性通侻，不拘小节。”有人发挥想象，说宝华庵建筑其实是：抱厦顶上的“山”字和三面“走廊”，组成“端”字右边的主体部分；中间的穿堂，对应“而”字中间的“两竖”；东边内部的两道隔墙和第一间的隔断，可以看作是一个躺着的“立”字；而西边一大间正好是个“方”形！

三、维修工程和复原展览

1956 年 10 月，孙中山临时大总统府办公室被定为江苏省文保单位，2013 年再次整体作为全国文保单位。

西花厅外墙上有一块石碑，高 42 厘米、宽 52 厘米，黑底金字，上面刻着：“南京重要近现代建筑　编号 2008036　孙中山临时大总统府原址　该建筑建于 1910 年，系两江总督所建西式花厅，1912 年 1 月 1 日孙中山在此宣誓就任中华民国临时大总统。南京市人民政府　二〇〇八年十月”。早年资料缺乏，研究不够，碑上的文字将建造时间误为 1910 年，其实端方在 1908 年就建好使用了。

据经历过辛亥革命、新中国成立后为江苏省文史馆员的朱伯房 1964 年 1 月回忆：“这一幢建筑当时颇为新式，现在除了屋顶由白铁皮换为瓦外，其余部分都未改造，连走廊上的十二段花栏杆和房基的十二块通风铁花格，还是当年的旧物，洋花厅西侧原有两间房屋，为

西花厅前廊

卫队长吴浩、侍从长郭汉章及副官、传令官所在，今不存。”从此文可以看出，西花厅顶上曾经用过白铁皮。白铁皮顶在国民政府时期院内建筑多有使用，如大礼堂、观戏台后的十字廊、大黄楼通向机要室的走廊等。

2011 年 5 月，辛亥革命百年纪念日即将到来之际，西花厅进行了一次大修。当时这幢 103 岁的建筑，出现了很多问题：基础下沉、地板合不上缝、墙体开裂有碎块落下、屋顶漏雨湿透窗棂和遭受白蚁啃食等。经过此次大修，基础沉降和墙体开裂问题，通过钢筋水泥和钢丝网面进行加固得到解决。此次维修将屋顶上前次使用的大瓦，换成了初建时使用的小瓦，恢复了晚清的原貌。在这个过程中，老照片和文史资料发挥了重要的参考作用。

20 世纪末，总统府遗址是江苏省省级机关办公之地，大部分房屋充作办公用房。1981 年、1986 年国内先后举行了纪念辛亥革命 70 周年和纪念孙中山诞辰 120 周年的活动，西花厅里也陈列了孙中山临时大总统办公室展览。

2011 年 8 月，为纪念辛亥革命 100 周年，中国邮政集团总公司发行了一张以孙中山等人和西花厅建筑为背景的邮票。在事先发来的草图上，著名民国史研究专家张宪文教授对所列人物进行了审定，并写道“纪念邮票所采用的几个人物，均对辛亥革命和南京临时政府的成立做出了重要贡献，这五个人的合影，及背后有民众参加，是一张稀见的、有价值、有意义的照片，可以采

鉴定函

中国邮政集团公司：

贵公司送来的《辛亥革命一百周年》邮票图稿经鉴定审核，图案文字均准确无误，建议按此方案发行。

纪念邮票所采用的几个人物均对辛亥革命和南京临时政府的成立作出了重要贡献。这五个人的合影及背后有民众参加，是一张稀见的、有价值、有意义的照片，可以采用并发行。

（盖章签字）张宪文

2011 年 8 月 12 日

邮票图稿鉴定函，右上角为作者所写

用并发行”；我则受本馆委托，对所绘西花厅图案进行了改正，并写道“背景西花厅图案，请按建筑遗存和本馆提供的该建筑民国初年老照片为准，特别要注意房屋檐角和门廊样式的准确性”，邮票发行时，均采纳了我们的建议。

宝华庵原是端方一己私藏，而作为大总统办公室，则是昭告世人“天下为公”，现在该建筑作为爱国主义教育基地，游人如织，人们把这座建于晚清的建筑，视作“民国建设、发轫于斯”的象征，是一幢充满民国风格的西式洋房。

摄于20世纪80年代的孙中山起居室

孙中山起居室及周围建筑

一、“起居室”由“三老”认定

南京临时大总统孙中山起居室，位于总统府内西花园东北端，是1956年10月辛亥革命45周年、孙中山诞辰90周年纪念活动时确认并发布的。当时有报纸辟“辛亥革命与南京”专栏，以《孙中山在宁旧居复出》为题，报道了相关情况，兹录文字如下：

1956年10月，省市有关方面邀请老同盟会员、曾参与临时大总统府内布局工作的老人傅选青、原临时大总统府建筑科长唐斌和孙中山任临时大总统时的随从副官、94岁的江世昌，一起回忆孙中山先生在宁旧居。三老确认，西花园后跨院内一座三开间的中式两层楼房，是孙先生的起居室。楼上东边一间是孙先生的卧室，中间一间为堂屋，西边一间为盥洗室；楼下三间为卫士们住房。楼房东边一排小屋是厨房。三老说，孙中山先生生活很简朴，当时卧室里仅有一张宁波式矮棕绷床，一张办公桌，几把老式转椅。

为了恢复旧居原貌，傅老每天四处奔走，亲自搜集、采购家具。所有物件又经过唐老鉴定，因此虽非原物，但也和当时的用物相仿。后来，在孙中山先生的卧床上，还铺上了当年孙先生用的广东特产——白床毯。一处重要的革命史迹因此得以复出。

本报资料室

“孙中山在宁旧居”即指现在总统府内称为“孙中山起居室”的二层中式小楼，旧址由三老认定，应无可疑，不会有误。此后，直至今日，二层中式小楼作为临时大总统府内的重要革命遗迹，供人瞻仰。

现在二层中式小楼内部空间结构和陈设，与 1956 年 10 月报纸上所述基本相同。楼上东边一间是孙先生的卧室，内设床、柜等物件；中间一间为堂屋，置桌椅用餐之备；西边一间为盥洗室，除有脸盆架等相应物件外，还有两只广式图案的彩瓷脸盆，看上去很是显眼。因为时间较久，对这两个盆的来历，有传说是华侨送给孙中山先生的。但从报纸上所述

起居室一楼中堂

“傅老每天四处奔走，亲自搜集、采购家具。所有物件又经过唐老鉴定，因此虽非原物，但也和当时的用物相仿”来看，应是后来征集的展品，选用广式瓷盆的理由或是考虑1912年临时大总统府曾有“华侨捐赠”情况。

起居室前的汉白玉盆

楼下三间为卫兵室。一层中间房间，迎面墙上有一副中堂，中间是装在镜框中的孙中山像，镜框木制边条由五种颜色组成，象征五色旗，四个角有十八星围成圆形，显然是代表十八星旗。镜框的两边是纸质装裱的孙中山手书对联“革命尚未成功，同志仍需努力”，这样的布置，与上海孙中山故居里的陈设几乎一样，只是镜框略小一点，应是复原时从上海孙中山故居仿制来的。

二层中式小楼前有两只汉白玉石盆，体量硕大，直径有80厘米，高40厘米，外面四周透雕八仙过海等图案，品相完好，相当精美，不是一般物品，与中山陵谭延闿墓前的一对石盆几乎一样，但来历未见记载。以前总统府西邻部队用来存食喂猪，后来征集文物时得到，因对孙中山先生的尊崇，便将这对石盆放在起居室门前，两个方柱形的底座也并非原配。有人猜测石盆是1930年建谭延闿墓时从北京运来的，为圆明园遗物。

二、丢失的历史信息需要补缺

孙中山的贴身卫士金鸿声有回忆文章，其中写道：临时大总统办公室西花厅东边第一间即是孙中山的卧室，孙中山就职后即住于此，有蚊帐挂在上面，桌上有带水龙头的热水桶，可以放开水喝。后来孙夫人卢慕贞和儿子孙科、女儿孙婉与孙娫来了，才搬到起居室楼。这段回忆说明孙中山先住西花厅，后移起居室。

但有些细节仍不清楚，如孙中山一家人团聚后，入住起居室的时间，1912 年 2 月 5 日孙科及华侨十多人到宁，至 2 月 20 日孙科赴上海接母亲和妹妹，一家人在府内团聚。孙科先于母、妹来宁 15 天的时间，是和孙中山同住在西花厅内，还是即入住了两层中式小楼？

两层中式小楼每层三间，一层中间堂屋和西头间的北墙壁板后面架有上楼的窄梯，因而这两间房间比东头房间在南北长度上要短一些，相应二层上的中间堂屋和西头的洗漱间，因为楼梯占用了北边，两间房间也小了一半。1956 年的复原布置是孙中山和夫人卢慕贞住在二层东头的卧室；孙科应是住在一层的西间，靠向西花园的院门，孙娫、孙婉姐妹应是住在一层的东间，靠向院子里头。但孙中山与家人居住空间如何安排从未见有照片和文字描述，相反有些疑虑之处。而楼下三间为卫士室，应是卢夫人和孙科兄妹离开南京后的安排。

实地考察，北边隔墙后的楼梯狭窄陡长，考虑到卢夫人是“一个小脚女人”，上下楼应是非常困难；小楼上也无上下水设施，除了生活不方便外，更重要的是中式木结构建筑是绝不能有水侵蚀的。后来参观上海孙中山故居，却见也是在楼上洗漱和用餐，得知民国时期的生活方式大致如此。但所不同的是上海孙中山故居是钢筋水泥的西式楼房，房间也比总统府两层中式小楼的房间大得多，并且建有上下水管

孙中山起居室楼梯间

设施。临时大总统起居室或是在布展之初，便是仿照上海孙中山故居的格局和安排，因为仅做展览之用，便忽略了西式洋楼与晚清木楼的实用差别。

在一楼西头间北墙上有一个门，因为门和壁板颜色相同，门前还陈设了沙发等物件，平时少有人注意。打开此门，是楼梯下面的空间，内里漆黑，用手电筒照明，看见壁板背后还有一排格扇门，从格扇门的式样、材质和陈设来看，应该是晚清原物，因为时间久远，已经开始腐朽，稍有触碰就有散落。得此发现，可以肯定这是总统府内所有晚清建筑中唯一没有维修和更换过的原物，具有建筑文物价值和学术研究意义。

可是，正当为找到晚清建筑原物而高兴时，却又发现二楼的顶上许多木构件都有过火痕迹，烧得一片炭黑，这与格扇门保存为原件是矛盾的：为何顶上失火、一二楼层却保存完好？史载 1917 年 4 月冯国璋在府内做副总统时，曾经失火，从位置上来看，此楼靠近火场中心不远，难逃此劫；有记录当时“除大堂、参谋厅、御书楼三处而外，其余房屋百余间均为焦土”，此楼并不在“三处而外”，即使此处有建筑，也应是 1917 年 4 月烧毁以后重建的。后查阅资料，知此楼在“文革”时期曾经过火。

起居室左前卫兵室

两层中式小楼前院左手东边有一幢南北走向的平房，平房南面还有一个地窖。平房现在陈列为卫兵室，置床、桌、椅若干。但在平房维修过程中，察看隐蔽结构，可见北山墙上的边门应是原来的走廊通道，与二层小楼抵角相连；平房西墙也不是完全封闭，只是一个半截的栏栅；而南头的地窖，也非人们想象中的防空洞，只是一般贮藏之用，并且洞口的水泥护口和通往地下的台阶与平房所用材质不同，显然与楼房不是同时修建的。这些情况都说明平房原先只是开放的柴房或厨房。果然这在1956年的报纸中得到证实："楼房东边一排小屋是厨房"。当作卫兵住房，只是后来为了展览之用。

因为这些问题没有完全弄清楚，"起居室"虽经"三老"指认，总觉得还有许多隐情；已知的一些信息也与旧址关联不够，像是特别加上去的；而真正发生在遗址上的事情，叙述起来是接地气的、活生生的！到目前为止，还没有看见过孙中山或孙中山与家人在起居室拍摄的照片。有一张两层中式小楼正面的"老照片"，其实是20世纪80年代拍的，当时楼前的一棵小树，还只是一根细枝。

三、起居室原址似另有所在

1. 从起居室与附近建筑的关系来看

与后面的大黄楼近在咫尺

两层中式小楼是1930年后建造的，紧靠小楼后面是一座楼高三层、空间宽大的西式建筑，钢筋水泥结构，为1930年建造的国民政府图书馆，因外表黄色，俗称"大黄楼"。两座建筑最近处只1米多一

小二楼的背面与大黄楼仅一步之遥

点距离，这是有违建筑之间合理关系和布局的。建大黄楼时，在运送建材和建造过程中特别注意保护，避免了对近旁两层中式小楼的损坏。

原两江总督署地势前低后高、中间高两边低，位于中轴线西侧的两层中式小楼也体现了这个状况，明显左高右低，要通过调节基层高度来找平地坪，现地坪基层东边高 0.75 米，西边高 0.96 米。而基层侧面的通风孔挡板，竟然是水泥制成的，这与早先铸铁的完全不同，或许在建造时间上西式大黄楼在先、两层中式小楼在后。

之所以两层中式小楼与大黄楼如此靠近，是因为两者分属参谋本部和文官处两个部门，两部门之间还有一道竹篱墙隔开（2000 年前后拆除），前面的参谋本部从自身考虑，在紧靠竹篱围墙的位置，建了两层中式小楼；尽管小二楼后面紧靠大黄楼，但是它背对大黄楼，并不妨碍自身前面的出行；工程量相对较小，在施工时也不会对大黄楼产生影响。

2．从民国时期的房产登记材料来看

两层中式小楼不在其册。在《民国二十四年十二月二十四日国民政府参谋本部地产登记审查用图》和《民国二十五年三月二十日国民政府文官处地产登记审查用图》上，所有的房屋都有标注，包括楼房、平房、

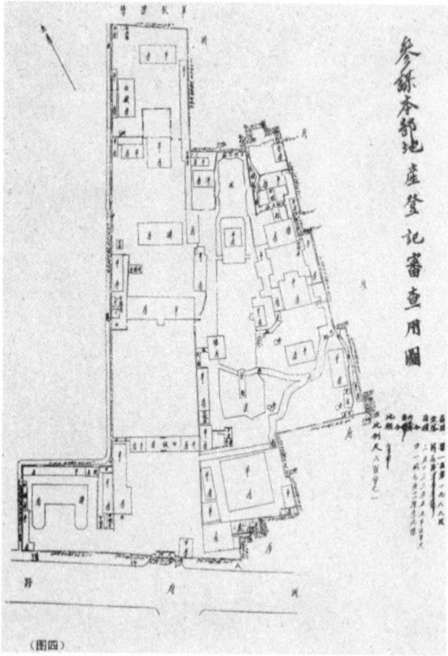

民国二十五年三月二十日国民政府文官处地产登记审查用图

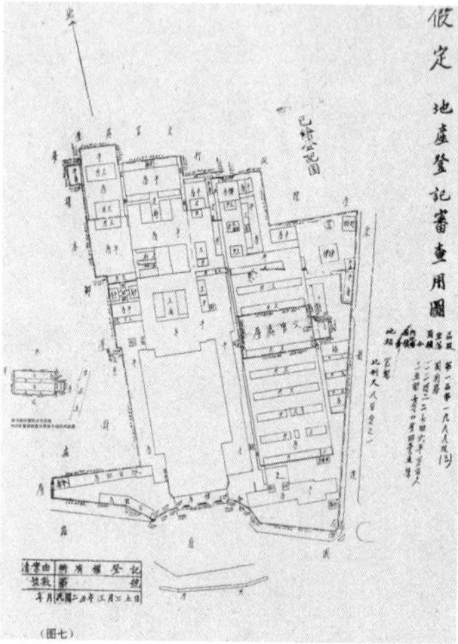

国民政府地产登记审查图

走廊、天井和玻璃房等，而两层中式小楼处却是一块没有标注的空地。《国民政府地产登记审查图》是可信的，没有标注的空地有两种可能，一是1912年时，此空地处是有房屋的，后来房屋被毁，至1936年以后才得以重建，故1936年制图时并没有此楼。二是原来就没有房屋，现在看到的房屋是1936年后新建的。但不论重建或是新建，都已不是真正意义上的孙中山旧居了。

3．从国民政府对建筑的需求来看

长约80米的院墙

府内增加了许多房屋：沿太平湖东岸，从南面的忘飞阁往北，一直到两层中式小楼的西廊，有一道高大的院墙，长约80米、高3.6米，雪白、笔直。在靠近两层中式小楼的位置，向后院墙东侧，分出一段围墙，两墙之间

从上方看三角夹院很明显

形成了一个三角形的夹院；而直行院墙占据了湖边的半幅路面，将原本位于路边的几棵大树，也圈到路的中间，或是挤在墙根里，路人行走不便。中国园林向来讲究曲径通幽意境，院墙绝不会做成如此僵直无趣的形式。起初以为笔直的院墙是1949年后改建，后来查阅资料，在国民政府的地图上，竟然已成这个样子。

国民政府为何要这样做？是为了加固太平湖驳岸，还是其他原因。多次现场察看后终于明白，三角夹院处已是原两江总督署最后部分，后院墙在此转为横向，向东形成一个折弯。后来，为了增加建筑、扩大面积，将后院墙拆除，并在原院墙转弯处接起新院墙，继续往后（北）延伸；

起居室前的三角夹院

而前弯头和后弯头相接处，与直行院墙相切，就形成了一个三角形空间。国民政府时期在三角夹院的两面墙上各开一门，在顶上盖了白铁皮，形成室内空间，作为堆放杂物的地方。现在里面放置石桌凳，不了解的导游还误以为这里是“孙中山与人密谈的地方”。

4．从地理位置来看

两层小楼缺乏安全保障。两层中式小楼前为高台横垣，起先以为是东边平房地窖上的堆土层，察看地窖后，知地窖位置偏东，并不在此地下。在堆土层中间有一棵高大的女贞树，至今已是118岁的高龄，树影婆娑，树形优雅，高台横垣也在百年之上，是1900年以前的两江总督署“官宅”“旧基”，虽然小楼与前面高台横垣落差为1米，不及子超楼前“崖断”的1.75米，但在地形上是一脉相承的。

两层中式小楼已处两江总督署“官宅”“旧基”之外、高台横垣之下，即使后来官府范围扩大，将之并入界内，也是最后部分（1912年时此处为杂芜之地），绝无置大总统安全于不顾，让起居室处于后面没有屏障和遮挡之地的做法。

起居室前高台横垣，其实是两江总督署官界旧址的后界址

5．从任鸿隽的回忆来看

起居室应位于与秘书处便于联系之处。任鸿隽是孙中山临时大总统府秘书处的秘书，1912 年 1 月 1 日随孙中山同车从上海来到南京，为孙中山和大总统府撰写了许多文告，他在回忆中写道：“那时的安排，是把正厅的房屋作为我们这些办公人员的宿舍，偏西的花园洋房作为总统的住宅与办公处，而把介于正厅与西花厅之间的一幢小三开间的客厅作为秘书处办公，大约是取其便于与总统室联系的缘故。”文中小三开间客厅现已无存，位置应是后来建造礼堂的地方。而将起居室置于最后的跨院内，离秘书处较远，出入道路曲曲折折，所经地势高高低低，显然不符合选择要求。

6．从实地考察来看

起居室似另有所在。现在位于西花园中心位置的观戏楼，同是两层三开间，外形和结构与后面的两层小楼也十分相似，也是内里北边架了楼梯上二楼。靠楼西北角有一棵树龄 118 岁的女贞树，说明种植于 1900 年的这棵树，逃过了天灾人祸，一直生长至今。此楼虽然后期有过改建，但在 1935 年国民政府地图上已有标注，基本结构保留，面积比位于后面

西花园中的观戏楼背面，与起居室背面几乎一样

的两层中式小楼大得多，不但处于中心位置比较安全，而且西边紧靠漪澜阁，过桥便是西花厅，东边是秘书处，往来办公、居住不用舍近求远。

2003年之前，虽然此楼位于西花园范围，但却有围墙围住，不与西花园相通，出入须从东面的西小院，转到中轴线上的小门。直到2003年之后，总统府全面开放，才拆除此楼的围墙，与西花园相通连。此楼的落水管上还有五角星的图案，应是早年“军管会”用房并作维修。1956年复原孙中山起居室时，或许正是因为此楼在办公使用中， 而没有让出作复原陈列之用。

冬季大黄楼西侧影

大黄楼年代、选址和空间变化考释

一、建造时间原在岁杪

大黄楼位于子超楼西边 2 点钟方向，三层，砖混结构，西式风格，是总统府内仅次于子超楼的第二高楼。但一直以来却很少有关于大黄楼的介绍文字。究其原因，一是大黄楼的建造时间及当时主官难以确定；二是一直以来养在深闺，没有对外开放；三是相关资料极其少见，难为无米之炊。

关于大黄楼的建造时间，一般认为是 1929 年，理由是大黄楼为南京国民政府参谋本部楼，而参谋本部机构始设于 1928 年，故推测此楼建造于此时间前后。但从 1929 年 9 月国民政府全景航拍照片上，却看不到大黄楼的身影，应该是否定了 1929 年建造的说法。

也有推测大黄楼建造于 1917 年至 1925 年间，即冯国璋做副总统和孙传芳做五省联军总司令时期。冯国璋建造了八字厅、政务局楼等建筑，而大黄楼无论从式样、风格、材料和色彩等方面，与前者都有许多相似之处。

大黄楼与政务局楼都是顶上红瓦、外立面黄色；在歇山顶上也有高出屋顶的柱饰，以及楼身前后的走廊（均左右无廊）；都是在一楼正中前后开门，通道穿楼而过，而门也都是两扇对开，门上花纹和门头上半圆形的玻璃格扇几乎一致；楼内“十”字通道，将每层空间分成四个部分，同时也保证了砖混结构的跨度限制。

在 1935 年《民国二十四年十二月二十四日国民政府参谋本部地产登记审查用图》上，参谋本部所属范围包括整个西花园和西花厅及其前后区域，各处大小建筑都清楚标明，但太平湖以北并不在参谋本部范围内，故而图上大黄楼的位置是留空。但在次年《民国二十五年三月二十日国民政府文官处地产登记审查用图》上，却清楚绘有大黄楼，为文官处用房。参谋本部和文官处的两幅图上一无一有，说明了大黄楼并非参谋本部用楼，而是文官处使用。

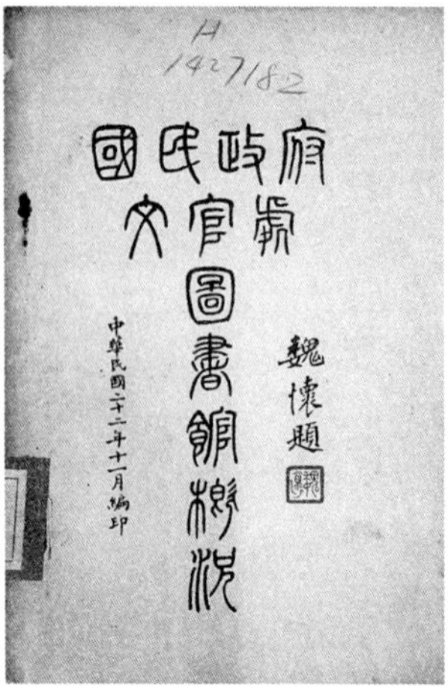

《国民政府文官处图书馆概况》

现在看到的有关文字资料，还有朱伯房于 1964 年 1 月撰写的回忆文章《南京长江路 292 号的变迁》：“九一八事变后，林森继任主席，于 1933 年在东西侧分建宿舍和图书馆”。同时，朱伯房对总统府内“中堂再往后行，前后各屋是 1917 年 9 月北洋军阀时代江苏督军署修建的”也有记忆。朱伯房生于 1888 年，南京人，中华人民共和国成立后为江苏省文史馆员，他的回忆比较可信，若此说成立，则大黄楼建于 1933 年，是图书馆用楼。

但是最终确定大黄楼建造时间的资料，

却是文官长魏怀题写封面的《国民政府文官处图书馆概况》一书中，有文官处文书局长许静芝写的“弁言”，第一句便是：“文官处图书馆，建筑于国府西花园内，十九年岁杪落成……”“岁杪”是年底的意思，由此确定大黄楼建成于1930年底。

二、选址环境差强人意

1933年政务局楼是总统府里最“豪华”的建筑。比照政务局楼，建一个更好一点的楼，是完全可以实现的。事实证明，后建的大黄楼与先建的政务局楼相比有许多相似之处，但在体量上大黄楼要比政务局楼大得多，并在允许的条件下把建筑做到了最佳。

既然大黄楼与政务局楼建筑风格相仿，当时子超楼尚未开建，为何不将大黄楼建在政务局楼的后面，这样便可同在中轴线上，依次八字厅、政务局楼和大黄楼形成一个风格相同的整体呢？

察看大黄楼门

原因是在政务局楼后面、后来林森手植松树的位置上，当时有另一座与政务局楼相仿的建筑，有文字资料记载曾经作为临时大总统府的财政处，近年地基发掘也支撑了这个说法。这里已是原两江总督署的最后部分，再往后地坪有一个“崖断式”下降，受此限制，即使将财政处楼撤除，地坪面积仍满足不了大黄楼的要求，只好另外选址。

那为何不将大黄楼建在“崖

断”外呢？这是因为大黄楼只设计了三层，一层为正中开门和前后开放式走廊，两边无通道，若将其像后来建造的子超楼一样建在断层外，处于下降一层、迎面堵塞的状况，此建筑将如同腰斩一般，是无法接受的。

两年后建造子超楼时，为破解“崖断”问题，相信设计师卢炳烈有专门考虑。从实际情况来看，除了拆除财政处楼，使两楼之间有相对合理的空间外，并针对“崖断”下沉式地形，将楼体增加到 6 层，大部分楼体在“崖断”地表上面；对进出楼的通道也做了桥式设计，宽大的主通道在二层中间，两边也可通过廊桥进出，并都加装了至顶的护墙，出入时看不出是在架起的桥上，营造出平地一般的感觉。

1928 年 10 月行政院在东边区域建造办公楼，接着又建了南楼以及一些附属用房。为了改善进出条件，行政院特意将原先向东的大门改为向北。至 1933 年大黄楼选址时，东边区域已无空地再建房屋。

但是稍加观察就会发现，大黄楼与左前的晚清小楼（孙中山起居室）、右前的关帝庙距离太近，最近处只有 1 米左右，且犄角相对；北面近处又有长长一排平房档案室，东面近处是印铸局小二楼，完全不符合建筑布局的常理。

2000 年前在孙中山起居室和关帝庙之间还有一道围墙，阻挡了大黄楼南门出行之道，所以大黄楼是以北门为主出入口，以至于子超楼与大黄楼的连廊，也是连接在大黄楼的北廊上。大黄楼被周围建筑和树木挤压、遮挡，无论从哪个方向也只能看到它的一斑，即使走到

大黄楼三楼走廊

近前，也无法欣赏到它的全貌。尽管见缝插针地建造了大黄楼，却表露了选址的无奈之举。

其实大黄楼建筑非常美丽，如果它是在一处开阔的环境中，从远处细细地欣赏，就会发现大黄楼既端庄又妩媚 。2012 年底东南大学建筑设计院在对大黄楼进行修缮时，有这样的报告："整体形态为十字形，建筑主体三层，建筑总建筑面积 2316.39 平方米，建筑外廊总面积为 555.24 平方米。建筑属于西洋古典式风格。室内砖木结构，外廊为砖混结构体系。外廊呈现文艺复兴时期巴洛克建筑风格与中国古典风格相结合的折中之美。总长宽分别为 32. 48 米和 25.4 米，建筑最高点为外廊南北女儿墙顶，现场估测高度约为 18 米。南、北各有 6 根（作者注：实为 8 根）拉毛砖柱，外涂乳黄色乳胶漆，屋顶为木屋架结构楼盖。"整座建筑厚实雄伟，极富韵律感，高耸的方柱、雅致的雕饰、深邃的回廊体现了很高的文物价值。

三、空间用途几经变化

从 1933 年建成至 1949 年人民解放军占领南京，大黄楼最初 4 年为国民政府文官处用房；抗战 8 年沦陷于日伪军之手；国民政府胜利"还都"后，大黄楼为图书馆用，同时有人事处、会计处同楼办公。

大黄楼内景

大黄楼之图书馆，隶属于文书局，藏有完整的《国民政府公报》。我曾见"军管会"提书函及清单，其中一份是："丁军代表一九四九年六月十日来函，介绍二野司令部参谋韩任等四人检阅旧总统府所存书籍，并将需要之书携回司令部参考，请予接洽照发一案。查韩参谋等四人于六月十日、十一日两日先后提去各类图书、杂志等共计贰千九百八十九册，各种报纸八十七捆，地图五张及大小木箱等件，除製有收据存证外，谨造具提去图书清册一份……”可见图书馆藏书较多，为管理、阅览方便，一般情况下图书会放置在一层。

同楼有人事处、会计处。人事处处长是梅嶙高，全处 72 人，分置 4 科，科长依次是吴国权、陆东平、傅瑞华和吴光韶。会计处会计长是吴治普，共 28 人，下设三科，科长依次是温凤韶、徐学铿、徐承华。两个处合起来有 100 多人，加上大量的图书资料，没有大黄楼是不能满足办公之需的。

有意思的是，我们竟然征集到了吴治普任总统府会计处会计长时的“总统府职员证”，编号为 157 号，现已在展厅展出。

在 1949 年后“文化古物保管委员会”（简称“文管会”）的《旧总统府房屋清册》上，登记有“秘书长所属第一、第二局人事处、会计处房屋，三层大楼，数量一，间数二一，原人事处、会计处、图书馆用”。又有《利用伪总统府房屋公物图书并集中各伪院部会图书文物征集各地文物建立“华东文物馆”或“艺文馆”长期开放供人民参观研究藉以发展华东文化计划书》，其中“4. 社会科学阅览部”下，“g. 地址……伪府图书馆二、三楼……共十六间”等文字，为我们提供了珍贵的史料。

吴治普《总统府职员证》

因抗战“还都”后将“文官长”改为“秘书长”，故清册中有“秘书长所属第一、第二局”。前条写全楼“间数二一”，后条写二、三楼“共十六间”。若据后条两层16间，则每层8间，三层应是24间，为何前条却写21间而少了3间呢？

“大黄楼”名称不知起于何时。回忆文字或史料有“参谋本部”“图书馆”或“三层大楼”，而具有档案意义的是《总统府参军长所属单位公物清册》中对此楼的编号：“乙字八二号”。

另据曾在35军担任后勤工作的解放军女战士张永春回忆：1949年4月24日“……占领南京后，军部设在蒋介石的办公楼里，后勤部设在旁边一座精致漂亮的小楼里。后来得知，这个小楼就是宋美龄居住的‘大花楼’。花楼里铺满了红色的木地板，宋美龄的房间有一张非常漂亮的大床，还有些空衣柜。这些农村来的战士，从来没见过如此精美的床，当天晚上，大家都没人敢睡那张床，于是都挤在地板上睡着了”。尽管张永春的回忆，在现在看来不完全符合事实，但提到了“大花楼”，或是“大黄楼”的音误。

1949后大黄楼为省级机关办公用房，内部空间分隔多有变化。每层楼有一个大会议室，若将会议室中间加上一道隔墙，便多出了一间房间；若将隔墙打开还原，便符合了“间数二一”。“间数二一”也证明现在一层门厅四角的房间和二、三层中间十字廊的四个角的房间，都是后来分隔出来的。

煦园水面全景

煦园的园林建筑和文化内涵

一、从皇家行宫到督署花园

1980年6月第一次出版的《江苏文史资料选辑》第四集，刊登了朱偰先生的文章《江宁织造署与楝亭的关系》，开篇便说：“现在的江苏省政协会址（长江路292号），是过去清朝的两江总督府；而清朝的两江总督府，又是就清朝‘江宁行宫’的一部分改建的；清朝的‘江宁行宫’，则又是就清初康熙时代曹寅的江宁织造署扩建的。所以现在江苏省政协的会址，和曹寅当年的江宁织造署有历史上的渊源关系。”

文章还介绍了嘉庆年《江宁府志》卷十二《江宁行宫》一条：“江宁行宫，在江宁府治利济巷大街，向为织造廨署。圣祖（康熙）南巡时，

朱偰在野外考察

即驻跸于此。乾隆十六年，大吏改建行殿……”；《江宁织造署》一条：“江宁织造署，旧在府城东北督院署前，乾隆十六年以改建行宫，时藩司兼织造，故无（织造）署。乾隆三十三年，织造署买淮青桥东北民房，改建织造署”。

朱偰先生已将江宁织造和行宫的关系说得很清楚，在此仅对几处细节稍做延伸：

（1）“乾隆十六年，大吏改建行殿。”“大吏”是指两江总督还是江宁织造？雍正五年（1727）江宁织造曹家被查抄，九年雍正即任尹继善为两江总督。尹继善在雍乾两朝三督两江，乾隆十六年（1751）为第二次，先后督两江长达30年之久，修饬封疆，厘治军民，为管辖江南、江西的封疆大吏。在将江宁织造署“改建行殿”的过程中，尹继善为迎接乾隆南巡，特意在花园中建造了石舫，即现在西花园中的不系舟。因而《江宁府志》中的“大吏”当是两江总督尹继善。

（2）既然主持“改建行殿”的官员确有所指，而江宁织造也不过是个五品官，尚称不上“大吏”，为何不在文中直接用“江督改建行殿”呢？是否是地方上编纂《江宁府志》时，考虑到事涉前朝君臣关系和权势变故不便多议，同时，改建行宫不由织造官而另有主持，特别是避讳当朝江督和织造，似有不便明说之处，而故作的含糊之词。

（3）雍正五年曹家被抄后，至乾隆十六年，江宁织造署仍在原地。

（4）“乾隆十六年以改建行宫，时藩司兼织造，故无（织造）署。”清时藩司指布政使，即由布政使兼织造官，暂无织造署尚可应付。乾隆十六年后，织造府成了行宫。我专门查了一下资料，乾隆十六年尹继善督两江时，身兼九职、文武九印，计有总督、将军、提督、巡抚、河督、漕督、盐政、下下两江学政，但是其中并无藩司一职，或是巡抚掌管布政使，

方胜亭

《江宁府志》中行文就不作细分了。

（5）乾隆三十三年（1768），高晋任两江总督时，织造事务又由专任织造官员督理，江宁织造舒文买淮清桥东北民房改建织造衙署，于是江宁织造又有了自己的府署。

（6）乾隆于十六年（1751）、二十二年（1757）、二十七年（1762）、三十年（1765）、四十五年（1780）、四十九年（1784）六次巡幸江南，之后下诏不再南巡，于是行宫不用。

（7）自嘉庆元年（1796）至咸丰三年（1853）行宫作为两朝先帝大行宫圣地而保护起来。

（8）咸丰三年，太平天国占领南京，大行宫、织造皆毁于战火；太平军又拆两江总督署建天王府。天王府有“东西花园后林苑”。西花园内天王消夏处，为一玻璃房，“上下皆注水，金鱼活泼，荇藻纵横”，附近又有假山，“山极小，旁有小树十数行”“山中结小屋，横铺木板六七层，进者须蛇行，不能坐立”，而在水中央有一枢密房，门前木牌上写：“此系议奏机密之地，不得擅入，违者立决。”

（9）同治九年（1870）湘军攻下天京后，曾国藩重修两江总督署。

在曾国藩女儿曾纪芬作《崇德老人自订年谱》中，有对西花园情景的描述："至（同治十一年）二月初四日，饭后在内室小坐，余姊妹剖橙以进，公少尝之，旋至署西花园中散步。花园甚大，而满园已走过，尚欲登楼，以工程未毕而止。散步久之，忽足屡前蹴……因呼椅至，掖坐椅中，舁以入花厅……"此外，在清代绘制的湘军"克复金陵第三图"中，也可见西花园一斑，甚至图上可见类似夕佳楼、望亭等建筑。

从朱偰先生的文章和上述延伸中，可以看出煦园（又称西花园）先后与江宁织造、大行宫和天王府的渊源。但是，行宫在什么时候、有多大面积划归两江总督署，没有明确的说法。朱偰先生也说："这一带地方，因为经过太平天国时代改建天王府（它的范围要比行宫大好几倍），后来又经过曾国藩改建两江总督署，变动十分巨大，想要考订过去建筑遗址，指定它的确实地点，是不太容易的。"

朱偰先生认为，正是在乾隆下诏不再南巡后，而将行宫部分划归两江总督署的。我个人认为，从乾隆四十九年（1784）下诏不再南巡，到嘉庆元年（1796）行宫开始作为圣地保护起来，其间有12年的"窗口"时间；而经过太平天国扩建天王府，到曾国藩重修督署时，更有可能将原先行宫的部分范围划入西花园内。

二、建筑风格及变化考释

西花园又称煦园，位于总统府西侧，占地面积4.13公顷，园中建筑大都是同治九年重修督署时建造。因历时较久，变化又多，仔细观察，尚能看出当年的大致情况。

现在西朝房北端，入西花园之月洞门，为民国时期开启。开启之前，这里是西花园的东南角落，有围墙相隔，与西朝房不通。墙内有三幢南北走向的平房，一大两小，开门后平房挡在路正中，为了通行方便，便将三幢平房拆除。

在拆除的三幢平房之北，有一道南北走向、长26米的走廊，从后面的礼堂的西北角连接过来，直到原先平房的位置。原平房处现有一亭，亭内是枫桥夜泊诗碑。从结构上可以看出，礼堂外墙的走廊是原来就有的，而连接礼堂走廊的长廊则是后接的。从作用上看，枫桥夜泊碑原在桐音馆前偏右位置，后移到这里，似乎长廊是专为连接碑亭而建。其实长廊也是民国时期连接的，是为三幢平房而建。20 世纪 80 年代平房拆除后，在走廊南头新建了碑亭。

入西花园迎面可见桐音馆，歇山式顶，飞檐翘角，建于青石台基之上。台基面阔约 15 米、进深 10 米；四周为木板墙、花格窗；木板墙下半部外贴回纹装饰，上半部用牡丹图案腰板和锦云纹窗格；南北对开穿堂门，室内顶上有隔顶；四周走廊绕阁一圈，走廊栏杆为竹节式样，简明舒展，意喻有趣，是西花园中少有的四面廊建筑（另有一座是夕佳楼，稍有不同，虽也四面走廊，但三面临水一面陆地，体量也小得多）。

从桐音馆的结构来看，既在高台之上，又是四面透亮，显然是是雅集会客之所。内有隔顶为保暖聚气，前后对穿门，供宾主家丁分别出入。桐音馆同样受到督署地势中间高两边低的影响，因为位于西边，地势东高西低，台基便做成东低（30 厘米）西高（50 厘米）的状况，以找平室

四面回廊的桐音馆

内的水平。

桐音馆为“桐音”而非“桐荫”，据说是因为近旁遍植青桐，每到下雨，雨水打在桐叶上，发出沙沙的声音而得名。其实曾国藩琴棋书画都有很高的造诣，尤其爱好围棋，这里是他经常下棋的地方。民国时期桐音馆是参军长俞济时的办公用房。

桐音馆后面是花厅，又称戏台，前有横廊，面阔 14 米，为木板花格门窗；进深前半部两边为砖土墙 12 米，往后两边有接加的木板墙 2.4 米；北面为木板花格墙，墙正中有门厅向北突出 3.5 米。2016 年维修时，在花厅东边砖土墙上发现有原先的腰形窗洞和周边砖系，但随后封闭。

花厅因为与两边其他建筑相连，故从防火考虑而用硬山式顶，两边山墙南头的“墀头”尚存，西边的图案是马上封猴，东边的图案是一只神牛，不过造型粗劣，疑为后来补作。而桐音馆独立旷地，四周无遮挡，便充分利用空间，采取了歇山式。虽然花厅与桐音馆前后排列，且前后都有门，但并不在一条直线上，花厅偏东一些，桐音馆东墙与花厅中门对齐，两座建筑之间也有假山相隔（假山中有道光“印心石屋”碑），故而两者不是一个序列。

花厅与后面的观戏楼及两边的围廊，形成一个四合形空间。清《南巡圣典·江宁行宫图》和民国文献资料中也多次提到园中“戏台”。观戏楼即前文探讨过，或为孙中山起居室原址的建筑，两层，硬山顶，混砖结构，有上下水管道，地点位置和空间大小都适合主官起居。但此楼已经过重修，“墀头”处也只是两片白板。

观戏楼再往后有一排平房，民国时期观戏楼与平房之间有一架白铁皮顶的十字廊。现在白铁皮廊无存，但是地上十字形的通道仍然保存，遗留着当年的信息。平房之后，便是展览用的孙中山起居室了。

进西花园月洞门左手，有一个两层的六角亭，周围堆砌假山和种植树木，以至遮挡住一层墙面和登亭入口。在此亭附近又有四座亭子：西花园西南角的四角望亭、两亭之间的方胜亭、花厅西侧的棕榈亭及上面说到的枫桥诗碑亭。在这么小的范围内，建了 5 座亭子，即使枫桥诗碑

两江总督张之洞等人在不系舟上合影

亭是新建，其他 4 座亭子数量也显多，显然亭子并非重修督署时一次修建，而是后来陆续所为。张之洞做两江总督时，曾在不系舟上拍照合影，背景上可见方胜亭。

三、风水布局和小说《红楼梦》

西花园有着很好的建筑布局。园中太平湖水面为南北走向的长条形，池畔 4 座建筑为不系舟、漪澜阁、夕佳楼和忘飞阁，将原先的单调、平淡做了化解和提升。

四座建筑，一南一北，一东一西，一动一静，一内一外，很好地体现了中国传统文化和风水理念。“不系舟”为乾隆所题，在南面水中，长 14.5 米，宽 5 米多，船体青石、船舱木制；卷棚屋顶，琉璃黄瓦；两边有石板桥与岸相连，名为不系即是老庄哲学的无为而治，体现了“静”的意境。

而与之相对的北面水中，是代表“动”的“漪澜阁”，听阁名便觉有“千军万马”“刀光剑影”。表面上看，正面阔面要大于进深，实际测量后，

漪澜阁

却是10米乘10米的正方形。据传这里曾是太平天国的机密处，故建于水中基台之上。阁前有平台延伸8米，视野开阔，阁后有平台延伸5米，隔岸湖尾；基台四周有石砌栏杆，上有八只石制灵兽向外警惕注视，附近难以藏匿。阁前平台两边有对称的莲花图案石拱桥，与两岸相连，不过，民国以前这两边只是木桥，到了1938年以后，才由伪维新政府行政院院长梁鸿志将其改为现在的样子。漪澜阁建筑在2000年冬至时，曾遭大火，几无存，后重建。此前有人测字“煦”字从火，散布谣言，不幸偶中。

在水面东岸的忘飞阁，有一部分空间伸于水面，形成三面临水的状态；推窗掬水，无限适宜。传说是因为一只喜鹊，在飞

从夕佳楼上看忘飞阁

檐翘角的梅花上流连忘返而得名。其实整座建筑从空中俯瞰，就像是一只张开翅膀的大鸟，静静地立在水边。忘飞是一种心境，故而是一种“内在”的感受；而岸上三边有院墙遮挡，也将忘飞阁藏在了内里。忘飞阁旁还有一棵苍劲的老树，枝干横卧，像是一条苍龙。

水面西岸为夕佳楼，双层重檐，气度不凡，临水而立，波光倒影。既是美景也是可以看见的“外像”！夕佳楼得名有多种说法，一是取名陶渊明《饮酒诗》“山气日夕佳，飞鸟相与还”，似乎与对面的忘飞阁呼应；二是乾隆二十二年（1757）乾隆《咏夕佳楼》诗：“山气横窗水气浮，揣称名署夕佳楼。漫云津逮陶彭泽，还觉当前胜一筹。”乾隆咏楼后，多地将之引用。

夕佳楼为西花园制高点，登楼推窗，太平湖风景尽收眼底。夕佳楼特别之处是，登楼的楼梯不在楼内，而是从西边对面的墙上，沿墙做一楼梯向上，再从上面过桥转回二层，既节省了楼内空间，又显得匠心别具。登高夕佳楼，纵观全局，可见湖面狭长，与古琴形状十分相似，甚至连龙池、凤沼、雁足、焦尾都有表现，而近处的“桐音馆”名称似乎也找到了来处。

西花园最令人激动的部分，是与小说《红楼梦》的关系。有传说，

维修中的夕佳楼

道光年间的两江总督陶澍，曾指花厅处为“潇湘馆”。《红楼梦》中描写潇湘馆：“忽抬头看见前面一带粉垣，里面数楹修舍，有千百竿翠竹遮映……”现在花厅附近虽有粉垣、修舍，但却没有竹子，让人陡生“妹妹的瑶琴今何在”的感慨！

仔细研究《江宁行宫》图典，图上有类似太平湖的水面和建筑，甚至有标明“戏台”“八角亭”的地方，但更多的建筑无从确切对应。朱偰先生说：“曹寅的父亲曹玺，曾在江宁织造署里面，盖了一座花园，筑了一座亭子，叫作楝亭（据南京一些方志记载，曹玺筑亭子，树楝其侧，名曰楝亭）……曹寅的孙子是《红楼梦》的作者曹雪芹，便是生在江宁织造署里面的。”我在西花园里到处走动，寻找楝亭、楝树，希望能找到曹雪芹的生活环境；查阅词典得知：“楝树（拉丁学名 :Melia azedarach L.），别称紫花树，为楝属落叶乔木。楝树高达 20 米……”西花园中有许多高大的树木，我抬头仰望，我相信伟大的曹雪芹一定从这些树下走过！

西小院鸟瞰

西小院建筑遗存解读

从印铸局往前到礼堂后墙，大约南北长 100 米、东西宽 20 米的长方形区域内，有四座相同的平房，前后排列，边墙相连。4 座平房都是一排 5 间，中间一门，穿堂而过，可以从第一排走到第四排；其方形廊柱更具民国时尚风范，挂枋梅花图案不再拘泥五福临门之俗；每排房屋前面都有一块空地形成院落。近年维修时，见房屋有地基架空层、墙体内多青砖碎料，整个区域自成一体，俗称“西小院”。但西小院建于何时，有何特点和变化，都有待于我们进一步去研究。

首先是西小院建造的时间。在 1929 年 9 月国民政府鸟瞰图上，可以看见 4 排平房的样子，也就是说最迟在 1929 年 9 月之前，4 排平房就已经建好；后来 1936 年国民政府地图上更有明确标注。国民政府时期，前两排是典礼局办公用房，后两排是印铸局所在，其中最后一排初为空地，后建平房，再改为二层楼房，即印铸局楼。

有些“蛛丝马迹”可以帮助我们认识“西小院”。让我们来看一下周围的布局：西小院东边有一条窄窄的更道，更道东边是中轴线，从北到南依次是子超楼、政务局楼、政务局楼西厢房、八字厅、八字厅西厢房和二堂后廊等建筑。西小院南边接礼堂后墙，西边是花厅、观戏台、孙中山起居室等建筑。

前文《八字厅》一篇说过，八字厅除了本身有前廊，厅前还有一条相同走向的重复之廊，称之“重廊”。重廊前有西洋式东、西厢房，再往前便是二堂。重廊东、西两头连接东、西更道，西边更道墙上开有一个门，从此门可直入西小院第一院内（典礼局）。而重廊东头与更道对接处却没有门，而是要沿墙右转到东厢房后，此处有一门，门上有砖额“旭爽”。

“旭爽”门应是两江总督署旧存。1929 年 12 月国民政府编遣会议时，改造前的晚清二堂仍存，有照片为证。此“旭爽”门应是晚清二堂和内宅之间的边门。内宅于 1917 年失火时焚毁，八字厅及西洋式厢房是失火后新建，并不考虑原先建筑关系，因而挡在了“旭爽”门前。

被东厢房遮挡的“旭爽”门

既然东边的“旭爽”门是二堂与内宅之间的边门，那么与之对称的西边，也应该有个类似“夕佳”的“某某”门。但是现在西厢房后面对着的墙面上并没有门。

1930 年国民政府将花厅改建为礼堂时，只是将空间向前扩展，礼堂花格式的北墙并没有改动。后面四排平房，是等距而建，四排房前的院落也是差不多大的面积，可以说明西小院是和国民政府扩建礼堂同时建的。

第二是发生变化的原因。现在第一排房

西小院

屋前面院落的面积，只有后面院落面积的二分之一不到。这是因为1949年后改建礼堂时向后扩展，把礼堂原有的花格式北墙拆除，建了高大宽敞的舞台，在舞台之北又加盖了一个横向的披屋，作为演员的准备间；舞台和准备间都占用了院落的面积。

西小院第一排有东、西廊与礼堂后披屋相连，披屋也有东、西小门可出入礼堂。礼堂向后扩建舞台和披屋后，便把东廊墙上的“某某”门覆盖掉了。原本在八字厅西厢房与西小院之间有南北向的“更道”穿过，与前面的二堂后廊相交。因为此处墙面上的“某某”门被覆盖了，失去了礼堂后门出入更道和中轴线的用途，于是便把八字厅西厢房后面这段空间两头封闭起来，

礼堂北披屋

维修中的西小院

做成一个长条形的小房间，一分为二，北面空间留一北向小门，内里为工勤人员使用。南面空间作为女厕所。为了承担原先“某某”门的功能，又在西小院第一进院落东廊墙上，往后推移、对应“重廊”的位置开门，所以，这个门是1949年后开的。

而东边的“旭爽”门仍在使用，这段更道只好留出八字厅东厢房后面的北半段，作为通道；而将八字厅东厢房后面的南半段，封闭起来作为男厕所，所以八字厅东、西厢房后面封闭出的空间大小是不一样的。

西小院西墙上的壁炉烟囱

第三是西小院第一排平房两侧柱式装饰的用途。第一排平房的东、西山墙外侧，沿中间山柱位置，各有一个外“突”的方形柱，从地面一直上升到主脊之上；而后面三排房屋都没有此柱饰。前文“八字厅”中曾说：因为两屋靠得较近，不注意看，还以为是八字厅上的柱饰，指的便是这个柱饰。

小瓦的中式建筑上搭了一个西式的构件，看上去总有些别扭，这不应只是装饰之用，大致是壁炉的烟囱。

民国时的行政院北楼，现保存完好

行政院北楼和南楼建筑风格变化之意义

一、从简朴内敛趋向开放明快

行政院楼位于总统府东边。行政院成立于1928年10月，最初在国民政府东偏院办公，有旧洋房和礼堂各一座，稍后建造两层办公楼，俗称“北楼”。从目前遗存状况来看，行政院北楼既是国民政府成立后院内最早建造的楼房，也是府内横排最长的建筑。

行政院楼建造的时间要早于大黄楼、子超楼和主计处楼，甚至早于大门和礼堂的改建，建造时间应是1929年上半年。在1929年9月国民政府鸟瞰照片上，可以找到已经建好的行政院北楼，但却没有大黄楼、主计处楼和子超楼，也没有行政院南楼。在后来建南楼的位置上，有一座礼堂式的建筑。此时大门广场上连接东、西朝房的仪门尚在，大门和礼堂也没改建成后来的样子。

从建筑材料和风格上来看，北楼与大门楼比较相似，都是青砖碎料、水泥抹面，外表涂灰，稍加装饰。一层底下有架高基层，外侧墙面有通风孔，说明室内铺设木地板。一楼北面中间有外凸 3 米、开间 7 米的抱厦，连接内部门厅，为主要入口；有一堂 3 对 6 开门，入门 18 米进深可穿楼而过由南面出，也可从门厅内两侧木楼梯转上二楼或进入横向走廊；上下两层走廊两边为对开门的办公室，室内空间高大、门窗通透。二楼正中、门厅之上位置，作为迎宾会客厅，其北面墙面上有三扇窄窗，窗外上方嵌谭延闿所写“行政院”三字。

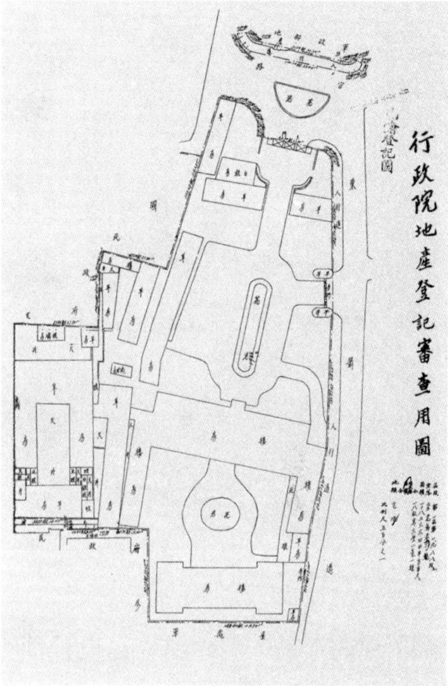

行政院平面图

顶上由东向西一排人字梁，现铺设大瓦。由于整座楼横向长度达 52 米（包括中间门厅开间 7.2 米，两边楼体各长 22.4 米），进深 18 米，屋顶瓦面鳞次栉比，看上去很是壮观；北向正中门厅抱厦顶上有东西分水的人字梁。但围绕整个二楼屋檐之上，却砌有一圈半人高的水泥围挡，从楼下不注意便看不见顶上的屋瓦，不知情的人还以为顶上是平顶。这一做法是因为结构需要，还是为了外表“整肃”不得而知。

如此大体量的建筑，除了正中抱厦和左右对称的窗户外，造型上几无变化，是地道的办公用房，显得简朴内敛、中规中矩。

1934 年行政院在南边近处建造新楼，将行政院分为南楼、北楼，在建成 80 多年之后，以今天的视角和态度来看，其实当初北楼就是“行政

行政院南楼

院”，南楼是“新建筑”，设计师为赵深。“新建筑”仍为上、下两层，体量上比“行政院”楼要小一些，横跨和进深分别是 41.5 米和 17.1 米，虽然只晚建了 5 年，但是风格却大为不同，让人耳目一新。

若从高空俯视，“新建筑”像一个横着放的哑铃或“工”字，两头大中间小；中间部分在南、北两面各往里收 1.8 米，形成一个“细腰”，进深为 13.5 米，如此一来，建筑就生动起来。

外立面墙为青砖勾缝，玻璃门窗采用钢制边框，显得很有近代精神。正中门厅北向，因为“细腰”比“北楼”收进了 5 米多，正中水泥基层、马赛克面的楼梯占了北半幅楼面，建筑师便将门头以上至二楼屋檐的外墙设计为三条玻璃窗，通透而舒展，走在楼梯上对外面的情况可一览无遗。

顶上铺设大瓦，中间细腰部分主脊为东西走向、南北分水，两头“哑铃”主脊为南北走向、五脊四面；在中间主脊与两头“哑铃”相交的屋面，有天沟散水，工艺要求较高。在中间主脊之北、偏东部位，有一小巧的老虎窗，从二楼房间内登上扶梯，推开顶棚小门，进入老虎窗内，再推开窗门，可以登上屋顶。此窗或是专门留作维修屋顶的通道。一般老虎窗都开在主脊南面，向南开窗，以迎阳光避风雨，但南楼上的老虎窗却

南楼朝北的老虎窗

是在主脊之北，似乎不合常理，推测是随着门厅方向。总统府内共有两只老虎窗，另一只较大，在中轴线政务局楼顶，堂堂正正，窗向南开。

从外形上看，南楼开放明快，体现了国民政府已从最初的创建时期，进入机构正常运行和行政信心增长阶段。

但是让人诧异的是，有一张1938年至1945年日伪占领国民政府期间、伪军乐队通过广场的照片，恰巧照片的右上角，有行政院南楼和北楼的屋顶：北楼顶上并无水泥围栏，瓦顶屋面全露在外，而南楼顶上却是无瓦平顶。这与现在北楼顶上水泥围挡、南楼人字梁瓦顶的情况正好相反。

幸有1934年5月5日制行政院《新建筑费用一览表》，仔细查阅，表上并无购瓦和铺瓦的项目和费用，从而说明无瓦南楼应是当初原状，照片上南楼瓦顶是后来改变而成；而北楼顶上水泥护墙无法确定建成时间，或许是抗战胜利后加建的。

二、从崇尚对称兼顾其他构造

中国传统的“大一统”思想，在民国建筑上有明显的痕迹。这样的

维修中的行政院北楼走廊

建筑大多有中心主体部分或中轴线，两边对称依次延伸，表现出唯我独尊的上下主从和制度等级的秩序排列。

北楼正是如此：正中抱厦凸出，两边平行展开，每层南、北立面各有10扇大小、形状相同的窗户；正中穿堂内两边沿墙对称的木制楼梯，在向上半层往中间合在一起，折返后通向二楼。

现在外立面每两扇窗户对应一间办公室，内部向中间走廊每间办公室开一门一窗。尽管结构已有多次改变，但从每两个窗户靠得较近形成一组，与另两个形成一组的窗户隔得较远，可以判断出，每两组之间是可以有隔墙的。基本上是每层走廊南、北各5间办公室，两边上下两层，如果不改变隔墙，一共可有40间办公室。

尽管北楼两边大部分对称，但民国官府制度与旧式幕僚毕竟大不相同，从只对一人负责、随心所欲，转向职务化、程序化。而专门的职务和程序，需要有相应的办公空间和行政渠道。于是，在对称的整体中，出现一些“偏差”。

首先是楼内走廊两边的办公室，并非完全两门相对，而是采取隔花错位式。这样面对面的两间办公室，不会因为同时开门，而将对方一览无余，保证了房间之间的相互独立和对个体的尊重。

正、副院长办公室位置尚无资料确定。从1929年至1938年，行政院院长谭延闿、宋子文、蒋中正、汪兆铭、孔祥熙，以及副院长冯玉祥、宋子文，秘书长吕苾筹，参事陈金绶、林彬、陈锐、段炳璋、李大年、许静芝、张允荣、陆嗣曾，政务处长陈融等，都曾在此办公。根据后来南楼的布置推测，院长办公室应在二楼西头第一间、北向。

复原的南楼院长办公室

机构和人数的增加，以致原有办公空间不够，北楼建好不久，即在东、西两头各增加了一个南北走向的翼楼。因为不是与主楼同时设计，两个翼楼都留下明显的补建痕迹。一是比主楼低矮。二是把北楼东、西两头原有的窗户封挡在墙里，现在维修、破墙时还可找到原窗的位置。三是主楼东头靠围墙较近，加盖翼楼后，再没有空地，翼楼东立面便成为围墙的一部分。四是两个翼楼并不一样，东面的要短一些，但宽一些，西面的长一些，却窄一些，等等。建筑中所表现出的“偏差”，是从行政办公和实际存留空间考虑，不再拘泥于对称的原则。

南楼呈现出另一种理念。虽然外貌上保持对称性，但却有多个重心。中间部分不再是全楼的最高点，横着的“工”字，在东、西两头形成对称要素。而内部空间设置更加实用、灵活和个性。南楼共有房间 20 间：一层 9 间，二层 11 间。“工”字两头部分，上下两层均为整体空间。除西头二层一大间由南而北分隔为副院长室、等待室、院长室外，其余三大间均保持完整，作为会议室、资料室和图书室之用。

一楼西头一大间是院务会议室。除了楼内走廊有门相通外，“工”字头上南面，向东墙面有一小门，与外部相通；会议室与相邻的北边办公室隔墙上也有一门，此门与大礼堂东门类似，在并排两扇门板上方有

行政院背墙小门

轨道悬挂，往两边开启后可以收缩于夹墙内，地面平滑无门坎。凡此类门，一般设在经常使用、人多拥挤，或者有较多文件、物品需要运送的场所，以防绊脚、跌倒。

根据老照片提供的信息，东头二层的一大间为院长会议室。一层的一大间，隔壁设有地下室，现在复原为行政院职员办公室和资料室；东立面墙上有一小门，可以通往外面。另外，在楼中间南立面墙上，也开有一小门，这样整个南楼在东南西北各开有一门。

房间的使用率和重要性，有时可以从其配置的洗手间得到旁证。二楼西头院长和副院长办公室是全院的核心，各自带有洗手间。二楼东头会议室，在其隔壁房间内，设有洗手间，以方便开会人员使用。在二楼走廊偏西部位，还有一间洗手间，应是职员使用。

与二楼一共有 4 间洗手间相比，一楼要少一些，只有一间，在走廊偏西位置，靠近大会议室。所有洗手间地面铺白色“人”字拼马赛克；但是让人难以理解的是，上下两层走廊偏西位置的洗手间，并不在垂直上下的房间里，而是错位设置，这对管道排设增加了难度。我专门绕楼寻找洗手间的铸铁下水管道，但整座楼外立面，除了从屋檐而下的方形铁皮雨水落水管外，没有一根其他管道。询问楼面保洁人员，也回答在洗手间的角落、天花，从来就没有任何水管。这一点与子超楼蒋介石办公室洗手间的落水管藏在墙内是一样的。

现在南北两楼之间地面上仍然有 5 口当时的窨井，窨井盖上正中刻有篆体“行政院”三字。

行政院窨井盖

行政院南楼是民国著名建筑设计师赵深设计、北平华基公司承建的。整个行政院新建、维修和改造费用是“用洋十四万六千六百余元”。赵深留学美国，主张创新，行政院南楼是典型的“西方现代主义风格”。从南楼的设计中，我们可以细细品读赵深。

三、从传统人文走向近代规制

同治年间，曾国藩在这里做两江总督，曾在后园新盖三间房屋：“本为摆设地球（仪）之用，不料工料过于坚致，檐过于深，费钱太多，而地球仍将黑暗，不能明朗。”曾国藩“心为悔慊”，加之眼神不好，在光线较暗的情况下，视物更为吃力，于是令工匠将房屋重新拆改。数日后“新屋三间已成，将地球移入其中”。晚清府署建造房屋时，主官对建筑可以随意增减和改动。

进入民国后，凡政府机构建造楼房，必须公开招标。当时赵深正在为外交部设计、督造房屋，行政院办公厅得知“赵建筑师学术经验尚佳，遂即招赵建筑师计商一切。于二十二年七月二十七日与该建筑师订立合同。凡关于此项工程之设计，工程建设期内之监察，暨建筑商之一切管理，均归该建筑师负责办理。按建筑费百分之六，给予手续费。旋据绘成图样，经诸专家铁道部参事夏光宇、南京工务局局长侯家源，将图案审定后，

行政院北楼屋面施工

登报招商承造，于二十二年九月一日，在本院大礼堂开标，由褚秘书长监开，参与投标之营造厂共有八家，以大昌、钟山两家最低，但信望上则以余洪记、裕信两家为著。而华基公司则期限最短，标价亦低，本拟令余洪记承造，因接该厂来信，声称因沪方工作甚忙，不克承包。京方之华基与该厂主有相当关系，愿为担保一切，乃决交华基承造。于二十二年九月二日与之订立合同。标价为国币五万三千六百八十元，内除旧料作价一千零五十元，期限九十五天竣工”。

从当时行政院报告可见，设计师是经过挑选的，承造公司则需通过公开招标。建筑师除了负责设计图样，还要负责建筑商之一切管理。报告中“在本院大礼堂开标”中的大礼堂，并非指后来的国民政府礼堂，而是南楼建成之前，另有一座礼堂，在建南楼时拆除。同时可以看出，虽然招标公开进行，但仍有主观意识和官府做派，如其中的“本拟令余洪记承造”中的“令”字，是公文中上级对下级的格式。

“衙门八字朝南开”，中国古代把南视为至尊，向来官府面朝正南，朝北则有“败北”“称臣”的意味。行政院却是大门、北楼、南楼全部朝北，甚至连院长办公室也选择在北向。第一种说法是行政院南面已无空地，无法出入，朝北是地理上不得已而为之的选择；第二种说法是国民政府破除旧观念，对朝向并不在意，先有大门朝东，后又改为朝北；第三种说法是，国民政府主席楼向南，行政院注重传统观念，特意向北，以示服从。

第一种说法似有可能，因为在行政院的报告里，有“呈请国民政府将参军处与院之南面毗连之地面一段，划归本院，以作新建办公厅地点，由院拨款为之另建，于是月二十五日奉国民政府一五七二号指令照准”。行政院为五院之首，如遇一般民居，或可拆屋开路。但南面为参军处范围，要有国民政府批准、置换方可，情况便有不同。第二种说法没有资料支撑，只能作为猜测。关于第三种说法有两点说明，一是当时“子超楼”并没有建成，所谓向国民政府主席楼称臣的说法，有点勉强；而在行政院北楼西侧，有一个小小的二楼露天阳台，阳台的水泥挂落式样，与后来子超楼两边走廊的挂落相同，这在行政院区域是绝无仅有的，似乎传达了某种信息。

行政院北楼西侧小阳台

但是院长办公室选择在楼面北向，一定是有某种讲究，或许就是风水中的“转运改运”“以北破北”招式。

北楼东、西翼楼应该建在南楼之前，因为南楼与北楼、翼楼的关系是合理的，并且在中间形成“外方内圆”的空间。从资料上看，行政院北楼中间穿堂曾经改成汽车通道，汽车可以从穿堂进入到“内圆”，把要人送到南楼门口，绕个圈再开出去，“外圆内方”的传统理念让位于近代应用了。

南楼建筑费用中“西菜厨房”一项比较特别。或许此“西菜厨房”正是副院长办公室隔壁房间。由此导致楼上洗手间往西移一间，造成楼上下两间洗手间不在同一条垂直线上。

2000年以前，行政院楼为南京熊猫电子厂工人疗养院，后来筹建南京中国近代史遗址博物馆，行政院楼陈列了文物史料展览对公众开放。

马厩

马厩和署东高楼的变迁

一、天王府下马牌

复原马厩内景

马厩位于总统府东边。1853年至1864年洪秀全定都南京称天京，在原两江总督署址建天王府。天王府里朝官众多，其中有“典天马”100人，地位很高，相当于“检点”“指挥”。他们将“天马”养的高大健硕，拉车驾舆甚是威风。

天王府前有左、右下马坊，左牌上写“天子万年”，右牌上写“太平一统”，凡文官至此必须下轿，武将至此一律下马。某日，有一队人马横过天王府，旗幡锣鼓，招摇喧天。天王府掌朝门即上前喝止，不料大轿上下来的却是东王杨秀清。东王说：“尔等竟敢对东王无礼，快将天王唤来，好好教训尔等。他若不管，我替他管教！”天王洪秀全得报，即打开宫门，出门迎接。东王余怒不消，说：“这等无父无君之人着实该斩！”忽然东王浑身颤抖，两眼翻白，口中念念有词，说是“天父下凡”了！只听“天父”说：“洪秀全深居内宫，贪图享乐，不问朝政，乱打宫女，纵容属下目无尊长，着实令天父失望，按天规应（杖）责四十！”当着众人面，把天王按伏在地上，将屁股打得鲜血淋漓。

天王府中有多少匹马，暂无知晓，但从编制100位“典天马”来看，按一位“典天马”负责5匹马计算，也有500匹马了；天王府中与马有关的事情记载很多，虽然后来湘军一把大火将天王府烧得干净，但府内建有马厩是不争的。

二、孙中山喜欢骑马

孙中山就任临时大总统后，有外国友人赠送的一辆黑色汽车、20多辆自行车，还有13匹马。孙中山喜欢骑马外出，很少乘汽车。参军处为了管理方便，将马都编了号。其中7号马是孙中山的坐骑，其余12匹可作公用，但事先要有参军处的批条才能骑用。

有一天早上，印铸局印刷科的徐科长，到侍从队要马骑，卫队长郭汉章按惯例向他要参军处的批条。黄参军交代可以先备一匹马给徐科长用，回来后再补条子。徐科长骑13号马跑出大门去了。直到午后不见有条子补来，郭汉章便去找黄参军索要，正巧遇上孙中山。孙中山表扬了郭汉章：“你很负责，政府刚成立，一切都要遵守规章制度，才能走上正轨！”谁知下午4时，有卫士报告，13号马单独跑回来，不见了徐科长。众人四下去找，只见徐科长就躺在府前不远的大路边，头被修马路的石堆撞破，已气绝身亡。

三、晚清民国时期的变迁

同治九年曾国藩三督两江时，重修督署。在日记中记有“署东高楼”，位置紧靠“马厩”的北面。曾国藩晚年“眼蒙殊甚”，经常夜晚府内散步，信步登上“署东高楼”。夜风吹来，神清气爽，抬头仰望，满天星斗，曾有诗作：“禽里还人，静由敬出；死中求活，淡极乐生。”

除“署东高楼”外，记载署内还有“御碑亭”一座。1987年文物调查人员无意中在署东高楼位置地下，发现石碑一通，高3.3米，宽1.1米，厚0.25米，中间书“勋高柱石”四个大字，为同治帝御赐；右边一排小字“同治九年十月赐”，左边落款“太子太保武英殿大学士两江总督一等毅勇侯臣曾国藩”。不知署东高楼，与御碑亭是否为同一建筑？

有民国初年拍摄的两江总督署东墙照片。照片上一条小铁路横过，铁路旁边有小火车站，车站后是督署的东墙，东墙里有一座三层的中式高楼，飞檐翘角，玉树临风。此楼在马厩的北面，正是“署东高楼”的

“勋高柱石”碑亭

老照片中的署东高楼

位置，很像曾国藩日记中所记。

1929 年国民政府鸟瞰图为我们提供了宝贵的信息。在图的东南角，可见从南往北有 10 排平房，在第一排与第二排之间，明显有树木高出屋顶。在第二排与第三排之间可见有两个廊顶相连，其余房屋也有类似情况。而署东高楼位置，已不见中式三层楼，代之为一个较大的长方形平顶，应是行政院南楼建造前的“礼堂”。

1936 年 8 月 25 日制《国民政府地产登记审查用图》上，马厩建筑稍微有变化。一是第一排与第二排之间有明显的廊线标记，证实 1929 年国民政府鸟瞰图上所示不错；二是第六排与第七排连在了一起，原来的 10 排平房，变成了 9 排。在署东高楼位置却标有一个“钟楼”，不知此楼是鸟瞰图上没有显示，还是后来建造的；而在 9 排马厩的东边，多出了 4 排楼房，因为楼房东墙是靠在围墙上的，而围墙是斜向西南，因而 4 排楼房不一样大，如同排箫的形状。

1945 年 11 月《国民政府地形图》上，将 10 排平房的用途做了说明：第一排是参军处公役宿舍，第二排是主计处房屋，第三排是参军处清洁工宿舍，第四排和第五排是参军处房屋，第六排和第七排是印铸局房屋，第八排是参军处房屋，第九排是参军处公役宿舍及管理股储藏室房舍，

民国消防水栓

复原的军乐队室

第十排为参军处厨房。而靠墙而建的4排楼房全为“军乐队宿舍”。“署东高楼”原来的位置是“藏书楼”“军乐队”，还标有水塔、水池等建筑，现水塔等建筑不存，在原水塔位置却留有一个20世纪30年代的铸铁消防水龙头，上有“首都水厂”4个字。

四、职工宿舍和遗址复原

木工陆师傅20世纪80年代开始在大院维修班工作，至今30多年了。他曾在此处平房居住，当时平房与往西的中轴线区域之间有西朝房和墙隔开，互不相通，出入10排平房须从东边围墙外的东箭道，那里墙上开有大门。

陆师傅多次参与此处屋顶翻修，还记得屋面小瓦和墙内青砖，与西朝房的基本一样，窗户也是差不多大小，室内做有顶棚；一家一户在门前搭了违章建筑。当时他的孩子还小，大家都很喜欢，曾让他的孩子爬上樱桃树摘樱桃，此树现在第二排与第三排间。

当时入总统府大门往东，即今天前湖的位置，有几排平房，内设食堂、澡堂、煤棚和理发室，是个封闭形的院子。食堂和澡堂北面是1 0排平房，但是无法走过去。绕道围墙外，从东箭道门入内，可见到处是搭建的披房，

马厩间的古井

根本看不出原先一排排整齐的平房。两棵法国梧桐树在第一排和第二排之间，高大挺拔，现在已是一人抱不过来。

其中有两排平房，虽然位置在东边区域，但是却被圈起来，通过东朝房中间腰门，与中轴区域相通，而与其他“马厩”不相通。这个情况与西花园里“石缘轩”小楼一样，虽然位置在西花园里，2000 年以前却是圈起来的，作为省政协办公室，通过西小院与中间区域相连，从西花园里反而不能进入小楼。马厩此处圈起来的两排平房里有房间作为幼儿园，在平房与东朝房之间有一小块空间作为自行车停放处。

2003 年复原马厩上梁

1998 年开始筹建南京中国近代史遗址博物馆，2003 年着手改造这些平房，实际是将这片范围内的房屋全部拆除，重新建筑了 6 排平房，作为展室之用，谓之“马厩”。“马厩”里最先做了“晚清与民

大寿龟石

国图片史料展”，复原了马厩、军乐队和卫生间。在第四排和第五排平房之间，有一口古井，现保存完好。在平房的东侧，原军乐队楼房地下，挖出了一块巨大的太湖石，形状像是一只千年的神龟。此太湖石的来历应是明清王府花园的遗存。

复原的关帝庙

新古建：关帝庙和陶林二公祠

总统府里有两处“新古建”，一处是西花园里的关帝庙，是在遗址上建的新房子；另一处是东花园里的陶林二公祠，是在新址上移来老建筑，一东一西，一文一武，其中有些周折，值得一说。

20世纪90年代，我在江苏省政协文史办工作，办公室在总统府西花园里观戏台的二楼上，每天上午10点左右，总能听到音乐声，从西边一墙之隔的部队的房子里传来。大家知道那里有座幼儿园，音乐声起是老师带着小朋友们开始做操了。

一、因碑而建的关帝庙

到了2000年，因为筹建南京中国近代史遗址博物馆，将部队的房子置换过来。我们特意过去一看，原先围墙西面有两座青砖楼，前面一座是幼儿园，音乐声就是从这里面传出来的。现在两座楼内都做了“孙中山与南京临时政府”展览。后面一座楼旁有一间木工房。

木工房紧靠太平湖，有被火烧过的痕迹，大多数门窗和天棚都是黑乎乎的，但仍能看出原先较好的样子和结构。于是请东南大学负责设计，在原址上重新建造了一座仿清式的房子。

2002年新年春节即将到来之际，领导要求仿清式房子45天内必须完工。因为工期紧迫，工程部便在房子外面又搭了一个塑钢瓦棚，遮挡雨雪，以保证工期顺利完成。

木工房前面是一个堆放杂物的院子，先将杂物做了清理，露出院子里地面前高后低，又将地面做平，此过程中出乎意料地挖出了两块石碑：顺治年间江南江西总督郎廷佐撰文的《关帝武圣庙重修记》和《助工题名碑记》，据此推断这里是关帝庙的遗址。同时，石碑出土的位置也为我们推断督署西边界线提供了依据。

既是“重修”，便说明之前这里有一座关帝庙。清军入关前，努尔哈赤和皇太极对关公都极为尊崇，在盛京赐关帝庙“义高千古”匾额。入关后，为了稳固统治，接受汉族文化，把尊崇关帝发展到极盛，甚至视关帝为清朝的保护神。顺治年间，在北京

原作为幼儿园的青砖楼，摄于1998年

“敕封忠义神武关圣大帝”，每年秋仲月祭祀关帝成了清代祭祀典礼中的一项重要内容。顺治年间郎廷佐在江南江西总督任上，在江宁地区顺应朝廷之意，在署内重修关帝庙是符合历史背景的。

两块石碑立在院中出土的原位置上，碑上有许多文字漫漶不清，引得人们前来辨认和揣摸，大意分别是歌功颂德和记录助工修庙的人。《总统府展览研究》杂志 2009 年第 3 期，将《关帝圣庙重修碑记》全文作了考读。

房子是新做的，但遗址是真的，这便是值得一说的原因。

新建房子只一间，抬梁式，顶上砌上明造，门前带廊，中间前后有门，可以穿堂而过，房前房后各有一个小院，花草树木，白墙花窗，很有意境。

但清初郎廷佐重修的关帝庙要比现在的大得多：“自戊戌夏月，鸠工伊始，暨今岁三月乃克告成。计构殿凡三楹，厢屋凡四间。神马神卒等像，大约画属，捐俸以为之者。”可见当时关庙之规模。

关公分文武，一般来说武关公是指手拿偃月刀的红脸，而文关公则是夜读春秋的金脸。考虑到清初尚武，郎廷佐总督地方军务等职责，以及从《碑记》中“为之将者，好谋能断，我车既攻，我马既用……为之士者，披坚执锐，一可当百，百可当万，无之非熊罴彪虎之卒也”推断，此处供奉的应是武关公。

但是仅凭两块石碑和一座新建的房子，还无法得到社会和游客的普遍认可。恰巧此时，山西运城关帝祖庙邀请我们去参加世界关公纪念地大会，借此机会我去运城感受了深厚悠久的关公文化，受到很多启发。

复原关帝庙工程

运城关帝祖庙卫龙先生（右）在总统府讨论复原工作

回来后，我们请著名书法家管峻先生为关庙撰联。经过研究和讨论，在无法找到原来内容的情况下，门外一联是：“先武穆而神大汉千古大宋千古　后文宣而圣山东一人山西一人”，虽然不是遗址原配，但也放之四海关庙而皆准。室内一联似乎有点离题：“堂上一官称父母莫道一官好做当尽些父母恩情；阶前百姓即儿孙休言百姓可欺须留下儿孙地步”，之所以选择此联，是考虑到联为嘉庆年间两江总督陈大文所撰，具有两江总督署的遗址性。皆由扬州漆器厂制作成匾联，于2008年9月9日在关帝庙安放完成。

总统府的导游图上，也开始将此处标注为“关帝庙”。但是，关帝像的立项、选择和安置方式，一直在讨论中。因为空间不大，有人提议将中间两根柱子用木板做成屏风，在屏风上做出浮雕的关公像，有人坚持在传统的案几上供奉关公像……恰有运城关帝祖庙管理所所长卫龙先生来南京，即请他现场指导。得知关公像尚未落实时，卫所长表示要送一尊关公像给我们。

南京孟宪国先生闻听此事，当即表示要捐赠一尊名家铜制的武关公像。此关公铜像是他10多年前在深圳偶然机缘得到，一直珍贵收藏。2013年7月12日孟宪国先生捐赠的关公铜像运抵总统府，供奉在案几上。此铜像制作是失蜡法，铜包金，高83厘米，宽37厘米，有64公斤重。本关帝庙从此有了神主。

二、移建新址的二公祠

任继愈题写的陶林二公祠

二公祠是两江总督左宗棠为纪念他的恩师、前任陶澍和林则徐，建于光绪九年（1883 年），原址在总统府对面的长江东路 4 号，与总统府东院墙相距 140 米。因筹办两江总督展览，我曾多次去二公祠内察看。当时二公祠里杂居了 51 户人家，堆满了生活物品，建筑状况和人居环境都不好。二公祠内部空间较高，记得祠内左右偏房都搭有隔层，隔层上也住着人家，但不知这些隔层是建祠时就有，还是后来住在里面的人自己搭建的。当时二公祠周围的民居都已拆除，到处是瓦砾。因为二公祠并不在总统府管辖范围，二公祠是保是拆不得而知。2001 年 6 月的一天，忽听别人说“开拆了”，我们赶紧到对面去看，正好遇上南京电视台的节目主持人丁龙江。因为办两江总督展览他曾采访过我，所以得以相识。他开口就问：“你们为何把它拆了？”我说：“这里不属总统府管辖，我也是才知道的！”当时现场还有一些陌生人，知情的人小声说：“这几个是来收文物的，在这已盯了好几天了！那边那个是文物部门的，在此看守着，不过一下班也就走了！”

后来听说二公祠拆下的木石砖瓦等构件都已编号收入后宰门仓库，不日即可按原样恢复。再后来，陶林二公祠原址建起了高大现代的江苏省美术馆，二公祠回到原处是不可能的了。南京市民对二公祠复建非常关注，媒体也跟踪报道。有关部门研究后拿出方案：移建南京九华山！

可是又过了几年，听说因九华山地形坡陡，不适合在此移建二公祠。直到 2007 年 1 月，移建工程竟然在总统府里开工了，地点就在东区马厩的后面、行政院的前面、“两江展”的东面。事情总算有了着落，可是各种议论又来了。当时我已接到复原布展二公祠的任务，许多同事来对我说：“昨天晚上某著名主持人在电视节目里，把二公祠移建在总统府里大加抨击，说做决定的人不懂历史，这里历史上是太平天国的天王府，却把镇压它的敌人的祠堂建在这里，不是大笑话吗！”我知道他是做综艺节目的，可能不知道总统府历史上作为两江总督署长达 267 年，比起 10 年天王府要长久得多。

移建工程在省政协领导的亲自过问下进展顺利。原祠共留下 349 组木构件（含 14 组七彩斗拱、两扇门、3 件窗格）、24 件石柱础、3 组人物图案砖雕。为了保证质量，特邀请东南大学工程结构与材料检测中心主任邱洪兴教授，对留存的木构件全面进行检测；邀请南京博物院文保科学技术研究所研究员李克彪，对存在腐朽、虫蛀、开裂、缺损的木构件进行处理指导，凡有修复所需木材都专程从苏州木渎市场淘来含水率低、不易变形的老料。在修复木构件时，意外发现一抱梁云上有墨书题字：“钦差大臣太子太保东阁大学士两江爵阁督部堂二等恪靖侯左宗棠□加一等□功□功主□龙楼凤阁九重门□”，为重要的历史遗存，我们入册特别保护。

移建后的二公祠由前院、前厅、庭院、左右回廊、正厅、东厢房组成，总面积 871 平方米。虽然地址有所改变，但建筑的大部分材料是原来的，这是值得一提的原因。

东阳木雕保持优秀的传统工艺，选上好香樟木，经自然风干、不再变形后，不用一钉一铁，手工榫卯拼塑成人物形象，包裹上麻布，批上腻子，砂子打磨。待确认坯型无误后，再进行油漆彩绘，描金涂粉。为此我三赴东阳，洽谈制作二公像事宜。

2007 年 12 月 15 日凌晨 2 点，东阳方面终于送来了二公的塑像，经过紧张的拆封、吊卸、搬运、安装，在东方泛白之前将二公请上了高台。

“陶林二公祠”展名是请国家图书馆名誉馆长 90 岁的任继愈先生撰写；长沙市政协文史委副主委梁小进是左宗棠的后人，我们请他提供了左宗棠手迹，送扬州漆器厂做成对联，即是现在悬挂在祭堂门前的“三吴颂遗爱鲸浪初平治水行盐如公诚不朽，卅载接音尘鸿泥偶踏湘江邗上今我复重来”。

为了把二公祠祭祀场景再现出来，我们在苏州订制了一个长 5.6 米、宽 2.2 米、名为《崇祀名贤》的砖雕。此砖雕共用 40 块 60 乘 60 的金砖并在一起，上面雕刻了 65 个人物。陶林二公像在祭台上，面前是跪拜的官员，分成几个层次，近前的品级较高，稍远的品级较低。65 个人物栩

2007 年二公祠施工时徐井元、张卫名、张汉康、夏如松在柱内留名

抱梁云

栩如生，身材比率准确、神态各异，有的上香，有的跪拜，有的交头接耳，有的闭目沉思，官员身上的补子图案也细腻地雕刻出来，技艺高超、实属难得。2008 年 2 月 21 砖雕运抵总统府，经过 5 天的努力，安装在陶林二公祠东厢房门前的山墙上。

2015 年 9 月，在主计处楼维修工地上，我偶遇一位木工师傅，名叫徐井元，聊起工程上事，他说 8 年前参与了东边“陶林二公祠”的修建，为了接一根山柱，他特意把两根木头切成斜面对接在一起，并在斜面里写下了自己的名字。我们去一起二公祠，请徐井元指认写有他名字的山柱。现场略作回忆，徐井元便指出祭堂左边墙里的柱子正是他写过名字的。徐井元又说，当年为二公祠上梁，原件大多都复位，唯有正中一架抱梁云不见了，只得重新做了一架新的。抱梁云是古建中在人字形大梁内侧增加的一块木板，以加强大梁的稳固性，因为大都做成云朵形状，名字与实物非常相像。闻言我笑说，因为那架“抱梁云”上有左宗棠亲笔写字，是珍贵的文物，我们将之收藏在文物库房里了 。

20 世纪 30 年代行政院大门

民国建筑的保护和利用

建筑风格与时代精神密切关联，建筑的营造法式折射着社会进程，对建筑的批判和传承则是价值观念的体现。当民国制度结束、民国方式终止、民国形态扫除后，民国建筑遗存成了这一历史时期的标本。当下，对民国建筑的关注日渐复苏：审美和功能的比较，保护和利用的权衡，继承和遗弃的争论等问题，都相继走向前台。在历史的长河中，民国政治制度只是一个浪花，可以说是尚未体味就成了过去。但是，从文化继承的角度来看，对民国建筑的反刍，是有一定的借鉴意义的。

一、民国建筑既有民主共和的彰显也有列强殖民的烙印

1912年孙中山在南京宣告成立中华民国临时政府，设立了临时大总统府、参议院、内阁等机构。因为政权初立，办公场所未及新建，各部门大多设在旧有的建筑中。如：临时大总统府设于两江总督署，陆军部设于督练公所，海军部设于水师学堂，外交部先设总统府内、后迁鼓楼狮子桥，司法部设于甲家巷，财政部设于旧藩署，内务部设于江南政务厅，教育部设于交涉司署，实业部设于劝业道署，交通部设于粮道署，法制局设于中协署，南京卫戍设于两江总督署，等等。

尽管上述建筑建于晚清，但因洋务兴起，西风东渐，在材质、形制上都大异于以前；建成后不久清朝统治瓦解，在清朝统治期内只有短短的几年；特别是进入民国以后，在推行民主共和制度中发挥了重要作用，产生了深刻影响，人们反而将其看作是民国象征。如1910年慈禧仿效西方君主立宪建立的江苏咨议局，1912年革命派将其辟为江苏省议会、中华民国临时参议院，并在此选举孙中山为临时大总统，宣布国号为中华民国。又如1890年在南京挹江门建立的江南水师学堂，原是清政府培养水师的地方，民国时期辟为海军部。时至2013年，南京市文物局在修缮该处建筑时，不是恢复“江南水师学堂”的匾额，而是选择在门头上使用了“海军部”三个字。

真正意义上的民国建筑，应该是始于1927年国民政府定都南京之后。由孙科负责的首都建设委员会，历时一年多编制了《首都计划》，“此次计划不仅关系首都一地，且为国内各市进行设计之倡。影响所及至为远大”。关于建筑则表示“南京新建国都，此后房屋楼宇建筑，当必次第进行，其最关重要之部分，则有中央政治区、市行政区公署，有新商业区之商店，有新住宅区之住宅，其他公共场所，如图书馆、博物馆、演讲堂，等等，将来亦须一一从新建造”，描绘了理想的中央和地方机构、商业和住宅场所、文化和公众环境等建筑，从资产阶级民主共和精神出发，对建筑功用和布局做了明确的规划。

从1927年至1937年，国民政府兴起了建设高潮，仅南京就新造了民国建筑230多处，其中军政机关有国民政府、行政院、立法院、司法院、考试院、监察院、内政部、外交部、国防部、财政部、教育部、司法行政部、首都高等法院、地方法院等；科教文卫体机构有中央研究院、国史馆、天文台、美术馆、金陵大学、市立医院、体育场等，此外还有市政、交通、电信、工商、金融、官邸、陵墓等一大批建筑。

许多建筑肖形融情、状物以志，如国民政府门楼的三樘大门，外圆内方，表达了中国传统的儒家思想；以两颗松树为双木成“林”、与外形像“森”字的子超楼组合在一起，宣泄了人本主义的诉求；政务局大楼走廊地面满铺红、蓝、白三色地砖，以喻“青天白日满地红”；大礼堂外走道部分，特意用玻璃窗格幕墙，对两边晚清庭院进行阻隔；而国务会议厅的长桌，排成孙中山的“山”字形，呈现出对封建专制、神权至上的唾弃，和对实现民主共和制度的强烈愿望。

但是，我们也应该看到，除了前面所述脱胎于封建社会、具有民国意义的晚清建筑外，民国时期还林立着因列强殖民入侵而在不平等条约背景下建成的建筑。使馆、领馆、海关、洋行、教堂、跑马场、医院等，既在口岸城市占据较好的位置，又华贵森严、盛气凌人，甚至“华人与狗不准入内”。位于南京虎踞北路的英国大使馆，建于20世纪2 0年代，由英国建筑师设计，完全的英式建筑；在南京高云岭的法国大使馆，全部的法式建筑。这类建筑，从设计、建造、使用和影响等方面来看，只能算是搬到中国来的外国建筑。

1927年12月19日，工程历时两年，耗银90万两的上海江海关大厦正式落成。这幢大楼占地10.2亩，钢框架结构，主楼共有9层，高度约120英尺，加上塔楼，总高度约260英尺，是当时上海外滩最高的建筑物。尽管这座建筑表现了希腊古典式和近代建筑相结合的折中主义风格，但在整个民国时期它是列强控制中国关税主权和海关权力的场所，给中华民族带来沉重的屈辱，与民国建筑闪耀的民主共和精神是水火不容的。

晚清出现西式建筑是洋务运动的产物，具有一定的社会发展阶段性；晚清建筑民国用是民族资本主义脱胎于封建社会内部的折射；自主的民国建筑是国民政府实行民主共和制度的载体，而海关、教堂、洋行等建筑则充当了强盗殖民行径的巢穴。

二、民国建筑既是东西方文化的对接也是不同理念的妥协

凡建筑都具有基本功能和心理需求，满足了居住、使用等基本功能后，附着在建筑上的心理需求便会强烈起来；当这种需求变得有章可循，并影响人们的生活时，便成了文化。不同的文化源于不同的社会生活，将不同的文化对接在一起往往是需要妥协的。中国传统文化推崇“和而不同”。在民国建筑中“和”是对接，“不同”则需要妥协。其实，国民政府自有主张：“经过长久之研究，要以采用中国固有之形式为最宜，而公署及公共建筑物，尤当尽量采用”，为此说明了四条理由：

“其一，所以发扬光大本国固有之文化也。”中国几千年来以文化见称于世界，而最能表现文化的东西就是建筑，“一方以观外人之耳目，一方以策国民之兴奋也”。从这个层面来看，国民政府提出的不仅仅是文化需求，甚至是政治需求、国家需求、民族需求了。

“其二，颜色之配用最为悦目也。”孙科等人认为中国的传统建筑“五色杂施，光艳夺目”，生活在这样的建筑里最易产生“快感”；而西方建筑物只用一种颜色，“暗淡无华，迥然不同”。丰富的色彩反映了中华民族博大精深、欢快友善、成熟细腻的性格。作为礼仪之邦不但重视“礼”的教化，而且还要用“仪”将其演示出来；礼仪是分等级的，丰富的色彩是区分等级高下的重要元素。西方民主推崇自由、平等、博爱的理念，体现在建筑上偏好使用单一的颜色，或许是减少差别的态度。

“其三，光线、空气最为充足也。中国房屋，大抵筑有庭院，且各柱之间离地若干尺以上，皆可全部开窗，不失其整个之结构……若用外国建筑则相反，盖外国房屋之间隔，大都厅房密接，所资以透光通气，

惟有窗户故也。”中国传统建筑讲究顺应自然，天人合一，房屋采用榫卯梁柱结构，青砖小瓦马头墙，木制的门窗可以随季节、天气变化而开启闭合，这是西式建筑所不能为的。

“其四，具有伸缩之作用，利于分期建造也。中国房屋之内多留空地，倘因经济关系而暂建某一部分，或因需用关系而增建其他部分，皆可随意擘画，不失其整个性质。外国之房屋，则殊缺乏此项之伸缩能力，每每一行建造，既须全部从事，而建造之后，倘欲有所增建，又必多感困难。”这里当然有对建筑布局和东西方建材不同的分析，但何尝不是国民政府财力匮乏的反映；而一次性建造好、不用追加增建，现在看来不一定是件坏事。

以上四条阐述了中国传统建筑的优秀和西方建筑的不足，但事实是进入民国以后，建筑不可避免地受到外来文化的影响。目前学界将民国建筑分为四种风格：一是折中主义和西方古典式；二是中国传统宫殿式；三是新民族形式；四是西方现代派式。这四种形式与近代中国的进程以及民族文化心态是相吻合的。民国初年随着西方列强入侵而建造的建筑，大多是西方古典式的移植和强权下的折中。尽管国民政府是一个积弱的政府，但在民族自尊心上，始终坚持着传统古国意识，宫殿式建筑一直有着重要的地位。新民族形式建筑是自信心长成的表现，敢于在追溯传统的同时，主动吸收外来文化。所谓西方现代式是面对未来做出的探索，比较而言与传统没有太多的纠葛，甚至是反传统的。

民国时期出现了许多“对接”和“妥协”的建筑。由吕彦直设计、1929 年动工建造的广州中山纪念堂是杰出代表。其外观是一座宏伟壮丽的八角形宫殿；内部采用钢架和钢筋混凝土结构，是“东方审美和西方技术”的完美结合。但我们可以看出，这种“对接”只有在“错位”的情况下才能实现，这种“妥协”只有在“匹配”时才能平衡。相反，如果用“西方审美”和“东方审美”匹配、“东方技术”和“西方技术”进行对接，显然是无法完成的。

民国时期的新民族形式和西方现代派式建筑，多以线条和圆弧为装饰，给我们留下简洁、实用的印象，形成愉悦的氛围。如国民政府行政院办公楼的沿墙线、军事委员会参谋本部楼的扇形门等，柔和的色彩和恰当的比例，让稍有美学眼光的人，都会深迷其间。其实“简洁”是为双方留有空间，是相互间达成的“妥协”，是不同文化对接的一种方式。

三、民国建筑既是急需保护的文物也是要大力开发的场所

近年来我们对民国建筑名录及与之关联的历史事件做了许多资料征集、调研和整理工作，但却缺乏对建筑设计、建造、材质等工程方面的分析。这是因为：一方面做这项工作的人，大多是研究社会科学的，习惯于从政治、历史等人文角度观察事物；另一方面建筑学本身具有很强的专业性，未经系统学习钻研的人难以窥其堂奥。随着民国建筑 70 年期限到来，维修、保护和开发等问题引起社会广泛关注。

民国时期出现了许多的优秀建筑，与前朝相比，登上了工程和审美的顶峰，引领了社会时尚，改变了旧的生活方式。民国建筑使用钢筋水泥材料，比之传统的砖瓦木石，要坚固得多，也使得规模生产成为现实；随之而来的是城市排水系统形成、卫生状况改善和国民生活水平的提高等。以至许多年过去了，我们还以民国时期创造出的优秀建筑而自豪，陶醉在一个个传奇案例中，甚至袭用着民国以来建筑革新的一些成果。

但是，民国建筑毕竟是明日黄花。今天，社会发生了翻天覆地的变化，作为办公或是居住空间，遗存的民国建筑无法适应新时期的需求，空间狭窄、电线老化、管道堵塞，没有驻车场所、网络通信、雨污分流等现代文明设施。对民国建筑的怀念，只是一种文化情绪。

民国建筑具有双重属性：作为文物，是不可再生的，需要保护；作为文化，要与群众相结合，需要开放。只保护不开放，是死文物；只开放不保护，是破坏文物。保护和开放，是一对矛盾，但并非此消彼长、“你死我活”，需要具体情况具体对待。

中国传统建筑多为木制榫卯梁柱结构，风吹日晒、雨淋虫蚀之下很

容易损坏，需要经常更换构件和维修，让人“不厌其烦”。而民国建筑材料一般是钢筋水泥，源自近代科技进步，既容易批量生产，又经久耐用。

水泥的主要成分是硅酸盐，最早发明于英国，1861年法国人在水泥中加入了钢筋，并取名为“混凝土”，水泥和钢筋的热胀冷缩系数几乎是相同的，两者很好地结合在一起，体现了人对自然的改造。可是始料不及的是，钢筋水泥的寿命是70年，这种似乎一劳永逸、永不磨损的建筑，在质量期限到来之后，内部结构松动、表面出现裂纹、钢筋脆化、水泥粉霁，甚至有表层从高处脱落、建筑整体移位的情况。与之相比，经常更换构件和维修的中国传统榫卯结构建筑，却绵延不断地延续下来，显示了顺应自然的生命力。

钢筋水泥通常是整体浇铸，无法更换“零件”。近年，对表面裂纹和脱落部分，一般采用灌浆和补损的办法，见坏修坏，有漏补漏；但是这样做不能从根本上解决问题，反而产生了新的情况，如，灌浆只是弥盖了表层，阻止不了内部裂痕的扩大，而补损更有新做水泥表层和旧建筑之间色质差异的问题，无法保证建筑文物的还原性。对于结构性的加固，采取了交圈钢梁和网状内衬的做法，使松脆得到延缓，却又有承重失衡的隐患。

也有加高空间和增建裙楼的情况（民国中央储备银行、中央饭店）；也有只留门脸、把后面部分拆除而另做它用的（民国中央陆军军官学校）；也有将民国建筑屋顶、墙面等切割后，按编号在新址集中重组（上海新天地街区），各种做法都是在寻求保护和开放之间的平衡。

目前民国建筑开发利用中，对于建筑完整、主题突出的一般作为博物馆或景区（遗址具有唯一性，是开展爱国主义教育的场所，如总统府）；市口较好的经营酒吧餐饮（文化生活体验，休闲的场所，如1912街区）；有一定影响的也可以辟为旅宿（怀旧情怀，有利自我调整的环境需求，如厦门鼓浪屿民国风情酒店）；也有因特定氛围和固定人群辟为书斋、会所（自主选择，雅集场所，如先锋书店夕佳楼民国书院）。

在综合性博物馆里，我们已习惯隔着展柜看藏品。而民国建筑作为文物，表现形式发生了变化，我们在文物中穿行，设定线路、栏杆等便发挥着类似展柜的作用。路线、栏杆设置是否科学合理是管理方的责任，提高对民国建筑的文物意识则是全社会要做的功课。

随着时间的推移，作为物体的民国建筑会越来越少，就像曾经无比辉煌的汉唐宫殿，现在只是活在文献中。但我们并不悲悯忧伤，因为作为精神象征的汉唐建筑，已经融入我们的生活中，成为中华民族文化积淀的一部分，让我们的生活更加美好，更加充满情趣！

后　记

在总统府遗址上做展览研究工作，终究是要从政治、军事等方面进入到建筑层面的，就像人物肖像绘画，逼真的外形和质感一定是基于对内在结构的掌握。

除了对遗址建筑的材质、形式、风格作探索外，还要了解遗址建筑的历史变化，变化前的样子，变化后的状况，以及变化的原因和相互之间的关系，这也如同绘画中对层次的追求。

如果不了解两江总督署的建筑规制，又如何能理解民国建筑所作的扬弃。如，民国以前晚清朝房和大堂围合成一个封闭的广场，两边是没有开门的，须从中轴线往后到二堂，绕道原在礼堂位置的“煦园”入口，才能进入西花园。此时你方明白，孙中山做临时大总统时，需有 19 个传令兵，每日从东、西辕门至西花厅，经此路线往返不断，传送政令和公文。再如，中国园林讲究曲径通幽，为何在太平湖东岸有一道长约 80 米的直墙和一处三角夹院，大煞风景。当你了解从晚清幕僚制度进入国民政府行政体系，地方封疆大吏无论如何也无法与国家层面相比较时，就会明白建筑的范围、面积和功能都是要随之变化的。又如，中国传统建筑室内地面大多是方砖铺地，而后来却有架高基层和铸铁的侧透孔，这显然是民国时期改用地板和社会生产力发展的佐证。

总统府内最有内涵的建筑，当属中西交汇部分。如，中轴线以二堂为分界，前面是中式传统建筑，后面是西式近代建筑；前后之间有一道走廊，既不是中式也不是西式，而是白墙素面。再如，礼堂的南墙，从内部看是西式的方柱，从外部看却又是中式的圆柱。中西文化各有体系，强行对接会不伦不类，敬而远之又失之无为，这是对立统一规律在中西建筑对接上的运用，充满了挑战和无奈，让人放不下、又茫然！

研究遗址建筑要为现实服务，也因与现实联系而精彩。2012 年 4 月我们举办了“白崇禧与近代中国图片史料展”，并在礼堂举行座谈会。抗战胜利后，国民政府首次设立国防部，蒋介石在国民政府礼堂授予白崇禧国防部长大印。当我把此信息告诉在座的白先勇先生时，他无限感慨：想不到 66 年后，在同一地点为父亲举办了展览和召开座谈会。众人环顾，似乎看到了当时的情景，礼堂建筑“活”了起来！

人们经常谈论民国，是因为辛亥革命推翻封建专制统治，建立了民主共和制度，是近代中国人的一次身心解放；许多优秀的民国建筑洋溢着以人为本的精神，仔细观察和揣摩，你会读懂设计师的良苦用心并为之感动，与之产生共鸣和交流。

期望本书能为研究总统府和民国建筑的人，提供一些线索和资料，期望优秀的民族文化和精神能够得到传承发扬光大。本书有许多不足，只能算是抛“碎土”引玉，请读者多多包涵。

作　者

2018 年 4 月